JN079046

Japanese Economy after the World War II

日本経済論・入門

戦後復興から「新しい資本主義」まで　第3版

八代尚宏 著

有斐閣

第3版・はしがき

バブル崩壊後の1990年代以降の日本経済は，30年以上にわたる経済活動の長期停滞に陥っている。当初は1990年代のGDP（国内総生産）の平均成長率が1.4%と，80年代の4%を著しく下回ったことについて「失われた10年」と呼ばれたことがあった。しかし，その後，1991年から2021年までの30年間の平均経済成長率は0.8%（実質値）と，さらに低下しただけでなく，その間の名目値（0.5%）が実質値を下回るという，慢性的なデフレ状況が持続した。こうした経済の実態を見れば，もはや「失われた30年」という表現の方が正しい。1990年代以降に新たに社会人になった若い世代は，80年代末までの日本のダイナミックな経済活力の時代を，まったく経験していないことになる。

それにもかかわらず，日本経済の長期停滞に対する関心は驚くほど低く，「もはや経済成長は不用で所得分配の方が重要」と言う政治家や評論家も少なくない。この長期停滞の象徴的な出来事が，2010年に，日本のGDP（ドルベース）が中国に抜かれて世界第3位となったことであった。これは中国の高い経済成長による面だけでなく，過去30年間に，日本の経済規模が横ばいのままで，個人の所得もほとんど増加していないことが大きな原因である。経済が成長しなければ新規の雇用機会は増えず，平均的な賃金水準も高まらない。また，すでに安定した職を持つ者と新たに仕事を求める者との所得格差は広がる一方となる。急速に増える高齢者の社会保障費を担う，勤労世代の持続的な負担増も避けられない。

なぜ，1980 年代までは，世界から称賛されるほどの高い経済成長と低い失業率，安定した物価水準等，先進国の中でも模範的な成果を上げてきた日本経済が，90 年代以降には，際限なき長期経済停滞に陥ったのだろうか。この素朴な疑問に答えることが，戦後日本経済論の最も大きな課題となる。

過去の内外の専門家による日本経済についての研究の多くは，日本の文化や社会的な連帯意識等，欧米社会と比べた「特殊性」に重点が置かれていた。しかし，経済活動のグローバル化が進んだ現在では，各国経済の共通性は強まっている。1980 年代末までの日本経済論は，単に日本の企業や労働者の優れた点だけを説明すればそれでよかった。しかし，1990 年代以降の大幅な財政赤字拡大の下での長期経済停滞という，先進国の水準から大きく立ち遅れた日本経済のパフォーマンスを，それ以前の好調な時期と統一的に説明することは至難の業となる。

これについては，政府の財政・金融等，マクロ経済政策の失敗，企業経営者の過度の利潤追求，労働者の勤労意欲の停滞等，人々の意識の変化等に帰する見方がある。しかし，いずれも過去のサクセス・ストーリーを覆すほどの影響力があったとは言い難い。また，企業や家計の行動変化を単に人々の意識の変化で説明することは，それがなぜ生じたかについての説明がなければ，単なる同義反復にすぎない。今日の日本経済論の大きな課題は，同じ日本の企業や家計の行動について，1980 年代までの活力ある経済と 90 年代以降の長期停滞とを，共通した社会的要因の変化で説明することである。さもなければ，今後とも長期停滞からの脱出の糸口は，いつまでたってもつかめない。

1990年代以降の長期経済停滞の真の要因を理解するためには，個々の政策の失敗よりも，政府の政策や企業経営の「不作為」の視点が重要である。戦後に成立・普及した日本の経済社会システムは，第二次世界大戦の敗戦のどん底から，米国並みの豊かな生活水準を目指した急速なキャッチアップを達成した大きな原動力となった。しかし，あまりにも目覚ましかった過去の成功体験が，その後，経済社会環境の大きな変化に直面しても，それに対応した必要な改革を妨げる大きな要因となっている。1990年代以降の日本が直面した，経済活動のグローバリゼーション，情報通信革命，人口の少子・高齢化等，大きな社会的な変化への積極的な対応が求められている。

それにもかかわらず，大きな政策的な論点となった「働き方改革」や「社会保障と税の一体改革」等の重要な政策課題については，長年，親しんできた現行制度を改革すること自体への反対論が根強い。これは日本では，台風一過で青空が広がるように，ひたすら当面の災害に耐えれば，自然に問題は解決するという暗黙の前提があるからではないか。しかし，古き良き時代の再来を夢見て，いつまでも必要な改革の先延ばしを図る現在の日本政治に終止符を打たなければ，経済社会の閉塞状況はいつまでも続くと言える。

大きな議論を引き起こしたTPP（環太平洋パートナーシップ）協定参加に関して，「第三の開国」という表現が用いられたことがある。ここで「第一の開国」とは明治維新を，「第二の開国」

とは連合国による占領期をそれぞれ指すものであるが，いずれも外国からの強制という共通点を持っている。TPP への参加自体は日本の意思に基づくものであるが，TPP の交渉の過程で他の加盟国から市場開放への圧力がかけられ，それが国内市場の改革に結び付くという点では，過去の開国時と共通した面もある。

これに対して「外国からの圧力で日本の国内制度を変えることは主権の侵害であり，構造改革が必要であれば自ら行えばよい」というナショナリズムの論理がある。しかし，これは戦後の歴史を振り返っても，現実的なものとは言えない。たとえば，占領当局の圧倒的な政治権力なしには，地主の既得権を奪う戦後の農地改革は実現できなかった。また，先進国の一員としてOECD（経済協力開発機構）に加盟する大方針のために，自動車産業等の強い懸念を押し切って，外国企業の対内直接投資の自由化が初めて受け入れられた。世界経済のグローバル化が進む中で，包括的な自由貿易協定に参加することは，長年の課題である農業保護等の国内の制度・慣行の問題点を改革するための契機となりうる。

もっとも，外圧がなければ改革が進まないのは，日本に限ったことではなく，ポピュリズムの誘惑に陥りやすい民主主義国には共通した現象である。EU（欧州連合）は，条約によって各国の国内制度の統一化や財政規律を守らせるための「外圧」をおたがいに課す仕組みである。また 2000 年以降，先進国の中で最も財政の均衡が長期にわたって維持されている韓国は，1990 年代の経済危機に際して IMF からの支援を受け入れた見返りに，厳しい財政等の改革を迫られた経験を持っている。国際条約等を通じて，先進国がおたがいに作り出す「外圧」を，偏狭なナショナリズムの観点から排除するのではなく，それをうまく活用して必要な国内の構造改革を進めることが，現代民主主義のひとつの知恵と言える。

本書の主題は，戦後日本の経済発展の歴史であるが，その際の視点は過去ではなく現在に置いている。現在の日本の抱える経済の長期停滞や所得格差等の問題を考える際には，それらが戦後の経済発展の過程ではどのように克服されてきたかに注目する必要がある。また，とくに経済の長期停滞が始まった1990年代以降の諸問題に重点を置いており，これを70年代央に生じた高度経済成長の終わりの時期と比較することで，2つの大幅な経済成長の屈折の共通点を探る。日本経済の直面する問題を理解するために，過去の経済問題との共通点・相違点を振り返ることで，現在，最も必要とされている経済成長戦略に結び付けることが，本書の大きな狙いである。

本書を最初に刊行した2013年以降の10年弱の間に生じた，日本経済の変化はとくに目覚ましい。この第3版では，単に図表を最新のデータに置き換えるだけでなく，アベノミクス以降のコロナ危機への対応，岸田政権の新しい資本主義，および今後の日本経済で必要とされている構造改革のリストアップ等，大幅な加筆と修正を行った。本書が，最新の日本経済の現状と将来の課題についての読者の理解に資すれば幸いである。

2022年10月

著　者

目　次

コラム一覧

第1部
戦後日本経済の発展

第 1 章

占領・復興期

1945〜59 年

財閥解体（三井本店から運び出される株券） 1946 年 10 月 8 日
毎日新聞社／時事通信フォト

敗戦直後の日本社会では，米国を主体とした占領当局により，「軍国主義日本の民主化」という大義名分に基づき，平時では考えられないような財閥解体，労働民主化，農地改革等の大胆な構造改革が実施された。外国による自国領土の占領は一般に悲惨な状況を招きやすいが，沖縄などを除いて間接統治であった戦後日本の場合には，太平洋戦争を遂行してきた官僚機構が，そのまま戦後占領行政の手足として活用された。この間接統治が，占領当局による広範な構造改革がさしたる抵抗もなく実施されたことのひとつの要因となった。この結果，日本は戦後の経済発展への基盤を形成するとともに，米国は1945年からの7年間にわたる日本占領の終了後に，東アジアに核となる経済大国であり，強力な同盟国を得るという大きな成果をあげた。

もっとも，初期の占領政策は，日本が再び戦争を始めないように，その軍事力の基礎となる重化学工業を解体し，農業と軽工業中心の産業構造への再編を目指したものであった。また，戦時中からの貿易封鎖が，戦後も数年間にわたって維持されるという，やや懲罰的な内容でもあった。このため，当時の厳しい資源制約の下で，経済復興のために，経済安定本部を中心とした「経済計画」が実施されたが，その成果はやや過大評価されていた面もある。実際には，冷戦の激化等，国際情勢の変化による占領政策の転換から，海外からの原材料輸入が再開され市場経済化が進むとともに，高い経済成長期が始まった。米国を中心とした世界的な自由貿易体制の下で，輸出入の拡大を通じた市場経済の活用により，戦後の日本経済の発展の基礎を築いたのが，この占領期であったと言える。

1.1 占領行政の意味

1945年8月に，兵士と一般市民を合わせて約270万人（当時の日本の人口7200万人の4%弱）の死亡者を出した第二次世界大戦が終わり，日本の歴史上，初めての外国による占領が始まった。米国を主体とした連合国による占領行政は，絶対的な権力を持つ指導者が目先の選挙等に伴うポピュリズムに配慮せずに，必要な構造改革を実施できる，いわば「賢人政治」の仕組みであった。これは，米英仏ソに地域別に分割統治され，自国が東西に分裂させられたドイツと異なり，日本では，事実上の米国による単独支配であったことによる面も大きい。

占領行政の主要な目的は，日本を二度と戦争を始めない国とするための非軍事化・民主化であった。この背景には，日本が戦争を始めた要因として，所得格差が大きく国内市場が狭いために，植民地を求めて中国をはじめとするアジア諸国に進出したという歴史認識があった。このため軍国主義の打破と国民の所得・資産の再分配政策に重点が置かれたが，これは被占領国であった日本にとっても望ましいものが多く，その成果の大部分は今日でも受け継がれている。

しかし，こうした戦後の大きな制度改革のうち，どこまでが占領当局の本来の意思であったか，または日本の官僚機構の隠れた意図を反映したものであったかは必ずしも明確ではない。戦後の三大構造改革である，財閥解体，労働民主化，農地改革も，占領当局の意図を反映しつつも，日本の官僚が巧みに誘導した面も大きい。今日の「政治主導」への官僚の面従腹背の実態を見ても，「（日本の）官僚の影響力も踏まえた（米国の）占領行政」という要素もあったことが，円滑な占領行政のひとつの背景となっていた面も否定できない。

第一に，経済民主化政策としての財閥解体である。これは，日本の大企業が軍部と結託して軍事産業からの利益を得るために戦争を引き起こしたという，ややステレオタイプの論理に基づいていた。このため，日本が再び戦争を始められないように，独占禁止法の厳格な適用や公職追放令の対象を，公務員だけでなく経済界へも適用した。これにより大企業の経済活動を抑制し，ひいては日本経済の力を弱めることが，当初の占領行政の基本方針となった。この結果，三菱・三井・住友・安田の四大財閥をはじめ，その他の巨大企業も分割され，企業結合の主要な手段としての持ち株会社の制度も禁止された。

しかし，この日本の経済力を弱体化させるための財閥解体は，結果的に主要産業の寡占度を低下させ，市場競争を促進させることで，むしろ産業の活性化を促した効果が大きかった。たとえば，鉄鋼業では，巨大な日本製鉄が富士，八幡の２社に分割されたことでその独占力が弱まり，後発の川崎製鉄や住友金属の活発な設備投資を促した。その結果，鉄鋼産業内での競争が促進され，製品価格が低下したことが，鉄鋼を生産材として利用する造船，自動車，家電等，他の産業にも大きなプラス効果をもたらした（香西・土志田 1981）。また，大企業の内部でも戦争協力者と見なされた経営陣の追放が，結果的に経営者の大幅な若返りや，企業の所有と経営との分離の徹底化をもたらした。

これが，結果的に，企業の積極的な投資活動に結び付くなど，長期的に日本経済の活性化に結び付いた面も大きい。

このように，当初，日本経済を弱めることを意図した財閥解体等の政策が，逆に市場競争の強まりを通じて，意図せざる大きなメリットをもたらしたことが，占領期の大きな特徴であった。それにもかかわらず，占領期の終了とともに，日本の官僚主導で「過当競争」の防止と国際競争力強化を旗印とした企業の大型合併が繰り返されてきたことは皮肉である。企業の規模は大きいほど効率的であり，また寡占市場の方が競争的な市場よりも国際競争力を高めるという，いわば市場競争への否定的な評価について，占領当局と日本の官僚との間に共通の認識があったことも，占領行政のひとつの特徴と言える。

第二に，労働の民主化である。労働者の団結権・団体交渉権・争議権の労働三権を保障したことは，労働組合の政治力を強めることで，大企業の利益を減らし，それと結び付いた軍国主義の復活を阻止することを意図して行われた。もっとも，その結果，誕生したものは，占領当局の意図していた欧米型の職種別・産業別の労働組合ではなく，国家に奉仕する労使共同体という戦時体制からの流れを受けた企業別の組合という，世界的には特殊な形態であった。この結果，大企業の長期雇用と年功賃金・生活給を保障する雇用慣行が，程度の差はあれ中小企業にも普及し，戦後の労使協調路線の基礎が築かれた。これは労使間の慢性的な対立の下で，労働節約的な技術進歩の導入への抵抗等，ストライキが多発し，生産性向上が抑制される場合が多かった欧米諸国と大きく異なる点であった。

日本では，高成長の下での企業の利益拡大が，雇用の安定や賃金上昇の形で労働者への利益配分に結び付き，それに基づく労使協調路線が，企業の生産性向上を通じて企業利益を増やす好循環メカニズムを確立した。また，その結果，労働者の平均的な所得水準の向上を通じて膨大な中流所得層が誕生したことも，国内消費市場の拡大・成熟化をもたらした大きな要因となった。これも大企業の競争力を弱めるための労働組合の強化という当初の占領当局の意図に反して，労使協調に基づく企業の発展が，日本経済の活性化をもたらした一例と言える。

第三に，農地改革は，地主の農地を小作人に配分する土地資産の再配分政策であり，戦前の封建制度の改革を意図したものであった。こうした戦前の貧しい農村の経済状況の改善と小作争議の防止のために，地代の統制や小作権の保護等，地主の権利を制限することは，日本の官僚自身が戦時中から目指していた農業改革であった。もっとも，こうした地主の財産権を侵害する大改革は，占領当局の強力なバックアップなしには，到底実現できるものではなかった。この占領当局による平等政策の重視から，在村地主の所有地は１ヘクタール以下に制限され，山林を除く不在地主の農地はすべて強制的に買収されるという，やや極端な内容であった。この結果，農地を保有できた自作農の生産意欲が高まった反面，北海道を除けば，もともと，大規模でもなかった農地が，さらに細分化されたことが，戦後の農業生産性の向上を抑制する大きな要因ともなった。

これらの財閥解体や地主の私有財産権の侵害という「社会主義的」な政策を，資本主義の本家の米国が自ら行ったことは皮肉である。今日の米国の所得格差是正を求めたウォール街デモにも示されるように，米国内では，到底，実現できないような極端な所得や資産の再分配政策であった。これは，当時の占領当局が，リベラルな思想を持ったグループが主力となっており，本国に対しては「軍国主義日本の非軍事化」という名目で，自らの考える理想的な改革を，占領地の日本での絶対的な権力を用いて実施したと見ることもできる。

もっとも，占領当局があえて手をつけなかった分野が官僚制度であった。これは民間人を含む公職追放者20万人のうち，職業軍人以外の官僚は内務省を中心とした2000人程度にすぎなかったことでも示される（野口 2008）。戦争を遂行するための主要な機関であった日本の官僚組織に対して，占領当局のメスがほとんど入らなかった。このために，日本の官僚組織に大きく依存していた間接統治であった占領行政が，むしろ官僚機構の巨大化をもたらしたとも言える。

この点を最初に指摘したのが，「1940年体制」（野口 1995）であった。これは，第二次世界大戦を契機として，日本が軍国主義から民主主義に生まれ変わったという通説に対して，戦争という国家プロジェクトを遂行するための強大な官僚機構が，そのトップを軍人から占領当局に置き換えただけで，戦後もそのままの形で温存されたという，やや皮肉な考え方である。

戦後の企業ごとや銀行の種類ごとに分断された労働市場や金融市場の仕組みは，必ずしも日本の伝統に基づくものではなく，戦時中に労働力や資本を，戦争という巨大な国家目的に向かって総動員するために形成された，統制経済的な仕組みの一環にすぎない。戦前の日本では，労働市場は職種別に形成されており，一部のホワイトカラーを除いては，長期雇用保障の慣行はなかった。また資本市場も，株式や社債等の直接金融が主体で，戦後のメインバンクのような間接金融の役割は小さく，いずれも現在の欧米と同様に流動性の高いものであった（岡崎・奥野 1993）。戦争という巨大な国家プロジェクト遂行のために「賢明な官僚が民間を指導する」という論理が，戦後の米国による占領行政へ，さらにその後の国主導の経済復興へと，目的は違っても長期にわたって持続されてきたと言える。企業は自らの利益の追求ではなく，国家に奉仕すべきという戦時中の思想は，労働者を企業が守り，企業は業界団体等を通じて政府に支えられる護送船団方式として，今日でも幅広く受け入れられている。

これは，戦前の自由な市場経済と比べて，「社会的弱者」の救済を，政府ではなく企業の負担で行うべきであるという，戦時中に誕生した思想とも共通している。この典型例は，戦時中に出征した兵士の家族の生活を守るために生まれた借地・借家法に見られる。この借家契約について，契約期間の終了後も，家主に「正当な理由」がなければ，借家人の居住権がそのまま保証されるという戦時中の原則が，戦後は判例により強化され，現在に至るまで維持されている。この「借家人保護」の政策により，戦前の大都市では普遍的であった借家ビジネスが，戦後は頻繁に移動する単身者用のワンルームマンションを除いては，ほとんど成り立たなくなった。このため，新たに家族用の住宅を必要とする世帯は，やむをえず持ち家を購入せざるをえなく

コラム① 米国のイラク占領行政との対比

米国の日本占領の「成功体験」は，中東に安定した民主主義国を建設することを目指した2003年の米国ブッシュ政権のイラク占領行政との対比で見るとわかりやすい。イラク占領当初の米国では，日本で成功したようにイラクの民主化が実行可能との楽観論があった。しかし，その結果が大きく異なったことの主たる要因としては，以下のような日本との違いによる面が大きい。

第一に，米軍のバグダッド占領時に，フセイン大統領以下，末端の警察官に至るまで，イラクの官僚は，米軍による逮捕を恐れて職場を放棄して逃亡したため，首都に無秩序状態が発生した。このため，イラクでは，米軍の主導で新政府を樹立し，警官等を新たに採用して治安を回復するなど，行政機構が正常に働くまでには長い期間を要した。これに対して，日本の政府関係者は，あえてそれぞれの職場にとどまり，治安や行政上の混乱はほとんど生じなかった。日本で占領当局による間接統治の形で，政治権力の円滑な移行が実現した背景には，戦犯として逮捕されるリスクがあったにもかかわらず，職場の秩序を優先した日本の官僚の役割が再認識される。

第二に，日米間では，文化の違いによる対立関係がほとんどなかったことである。西欧文明に対して排他的なイスラム教徒と比べて，明治以来の国家神道の奨励にもかかわらず，異文化の米国人に対する日本人の社会的な反発は小さく，占領当局に対するテロ行為は皆無であった。むしろ米国の豊かさへの感銘から，キャッチアップを図るために米国文化の積極的な受け入れが進んだ。これは異教徒の支配に反発するイスラム社会との大きな違いとなった。

第三に，民主主義の経験が乏しく，国内で宗派間の大きな対立が混乱を生んだイラクと異なり，日本では，戦前からの民主主義の下で，国民としての一体性が確立されていた。それが軍部による圧政から解放されたことで，本来の民主主義に基づく統治機構が回復されたことは，ドイツやイタリアの場合と同様であった。

米国による日本の占領行政の成果の評価は，同じ米国による湾岸戦争後のイラク統治の混乱と対比することで，米国側よりも，占領された側の行動の違いが大きかったことが明確になる。

なるが，限られた予算では，都市の中心部から離れた郊外に居住せざるをえない。このため，大都市のスプロール化と長い通勤時間・通勤混雑等，多くの社会問題を生む一因となっている。日本人の持ち家志向は，農村文化の伝統に基づくものと言われるが，戦前の大都市における借家主体の住宅市場を見れば，これも戦時体制のひとつの遺産による面も大きい（岩田・八田 1997）。

1.2 外需主導型経済成長の始まり

1945 年 8 月の敗戦から 7 年間の占領期は，戦後日本経済の混乱からの復興期であった。戦後，外地からの 600 万人の帰還者で人口が急増した反面，1945 年の主食の米の生産量は戦時中の約半分と，生存可能ギリギリの線にまで低下し，占領当局

図表 1-1　戦前・戦後の日本の経済水準

（1990 年価格）

	日　本		米　国		英　国	
	1938年	1950年	1938年	1950年	1938年	1950年
GDP（10 億ドル）	169.0	157.0	798.0	1,453.0	284.0	345.0
資本設備（10 億ドル）	198.0	277.0	2,877.0	3,531.0	258.0	279.0
輸出（10 億ドル）	9.9	3.5	24.1	43.1	22.5	39.3
1 人当たり GDP（1,000 ドル）	2.4	1.9	6.1	9.6	6.0	6.8
労働力人口（100 万人）	32.3	35.7	44.7	61.4	20.8	22.4
第一次産業就業者比率（%）	45.2	48.3	17.9	12.9	7.7	5.9

（出所）Maddison（1995）.

の緊急食糧放出により，大量の餓死者の発生が何とか回避されたという状況であった。もっとも，資本や労働等，経済復興の初期条件は，大規模な空爆等による戦争被害にもかかわらず，十分な水準を維持していた。たとえば，国内の重化学工業設備は「戦争経済の遺産」を受け継ぎ，開戦前の水準にほぼ匹敵していた。また，労働力も外地からの引揚者を中心に急増したうえに，その約半分は農業等にとどまっていたなど，終戦時の日本では潜在的で豊富な労働供給力が存在していたことが重要であった（図表 1-1）。

真の経済成長への制約要因は，海外からの原材料の輸入が，戦時中の米軍による海上封鎖と日本の商船団の 8 割が壊滅したことによって途絶えたことであり，本土の本格的な空爆以前に，資源の枯渇から日本経済はすでに崩壊していたと言える。この輸入の封鎖が，占領当局の当初の意図であった日本の経済力の弱体化方針により，戦後も直ちに解除されなかったことが，貿易水準の大幅な下落に示されるように，速やかな復興を阻んだ大きな要因となった。

このため，経済安定本部が中心となった統制経済が復活し，そのひとつの典型例として，当時のエネルギーと製造業の基本であった石炭と鉄鋼業の生産回復を最優先した「傾斜生産方式」が実施された。しかし，この傾斜生産方式が，どこまで有効に機能したか否かは不明で，当時の鉄鋼生産量は，石炭の生産量よりも鉄鉱石の輸入量と連動していたことは，原材料輸入の不足が大きな制約要因となっていたことを示唆していた。この傾斜生産方式は，生産力の増強よりも日本政府の自助努力のシグナルとしての意味が大きかったとも言われる（大来 2010）。戦後の生産水準の回復には，むしろ米国の軍事予算から支出された「占領地域救済・経済復興（ガリオア・エロア）基金」による約18億ドル（うち，約7割が無償）の経済援助で，これを原資として重油や鉄鉱石等の基礎資材が輸入できたことによる面が大きい。

もっとも，日本の非軍事化のための経済の弱体化という当初の占領行政の目的は，朝鮮戦争の勃発で中国や旧ソ連との軍事対立の危機に直面したことから大きく転換した。これは，その後の日本が急速な経済発展を通じて，社会主義圏の膨張を食い止め，東アジアにおける民主主義・市場経済の要となることが，米国にとっても共通した利益となったことによる。

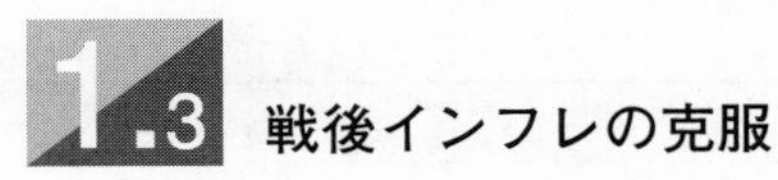

1.3 戦後インフレの克服

敗戦による戦時体制の終結からそれまでの配給制度に混乱が生じたことや，外地からの大量の引揚者により，生活物資の極端な不足が生じた。輸入原材料の不足等のボトルネックが存在する下で，一方で製品価格を低く抑えつつ，他方で企業の生産増加を促すための価格差補助金や，復興金融公庫による企業への融資が膨張した。ここで補助金や企業融資の原資は，政府の借金である国債等が日本銀行の引き受けで賄われた。この結果，供給に比べた需要の著しい増加から激しいインフレーションが生じ，戦後の最初の5年間の消費者物価は，年平均で4割以上もの大幅な上昇となった。

もっとも，この間にも，物価上昇を除いた実質経済成長率は平均9.4％と高い成長率を実現しており，生産水準や雇用は着実に回復していた（香西 1981，図表1-2）。また，高水準のインフレは，たとえば，農地を強制的に売却させられた旧地主の保有する資産価値の大幅な値下がり等，国民の一部に大きな負担を課すという，所得分配面での攪乱効果をもたらした。

こうした日本経済の混乱を防ぐために，トルーマン米大統領から全権を委任されたドッジ公使による経済安定計画（ドッジライン）が1949年に実施された。その主要な内容は，「富はまず創造してからでなければ分配されない」という財政規律の回復であり，「不自然な価格体系を生み出す」価格統制，価格差補助金や復興金融公庫の貸出等の財政政策を止め，古典的な財

図表1-2　復興期のマクロ経済指標

（単位：%，100万ドル）

	実質経済成長率	消費者物価上昇率	失業率	貿易収支
1945〜50年	9.4	44.4	1.0	−190
1950〜55	10.9	6.3	1.7	−396
1955〜60	8.7	1.5	2.0	93
1960〜65	9.7	6.1	1.3	391

（出所）香西（1981），日本銀行『国際収支統計』。

政均衡主義に転換した。また，戦後の激しいインフレにより，敗戦直後の1ドル15円から大幅に減価した為替レートも，日米間の物価水準の差（購買力平価）を考慮して，1ドル360円に固定され，「輸出の範囲内で輸入を賄う」貿易収支の均衡原則が徹底された（鈴木 1971）。このドッジ公使による厳しい財政緊縮策は，現代流に言えば「増税なき財政再建」と「市場重視の経済政策」の典型例と言える。また，これは1987年の東アジア経済危機の際に，市場重視の視点で韓国経済の強力な構造改革を行ったIMF型のショック療法にも相当する。他方で，ドッジラインは需要の引き締めというマクロ政策だけでなく，それ以降からの政治的な保護政策に基づく価格統制を撤廃する等，ミクロ政策も含むもので，これらがインフレ収束に貢献した（香西・寺西 1993）。

ドッジラインはインフレの収束には効果的であったが，それまで補助金等に依存していた多くの中小企業の倒産や解雇が増える一方で，徴税の強化等から不況が深刻化し，これに反発する労働運動も激化した。このドッジラインの財政面からの引き締めによるデフレ効果を相殺したのは，1950年6月に勃発した朝鮮戦争であった。これにより，日本は朝鮮半島で戦う米軍の兵站基地となり，軍需物資の買い付けにより，製品輸出が急増した。これはドッジラインによるデフレ・ギャップの解消に大きな貢献を果たすものとなった。また，朝鮮戦争と東西の軍事対立の激化は，翌51年9月のサンフランシスコ講和条約の調印を通じた日本の独立時期を早める効果もあった。

朝鮮戦争による特需景気は1951年をピークに減少に向かった短期的なものであった。しかし，その後の輸出を通じた日本経済の発展パターンの基礎を築いたのが，この占領当局の絶対的な権力に基づいたドッジラインによる，経済の「一挙安定政策」という大手術であった。これを境に，日本は，戦後の計画経済の下での慢性的なインフレから脱却し，世界標準の市場経済への復帰を実現した。また，戦後の欧州やアジア諸国の経済回復に伴う世界的な需要の拡大にもかかわらず，欧州主要国の経済活動や輸出の回復の遅れ等から，日本は工業生産能力に余裕のある，世界でほとんど唯一の国となった。この結果，日本は機械製品の主要な輸出国となり，その後の自由貿易体制の下での高い経済成長を持続するための基礎を築いたと言える。

米国による日本の占領行政は，当初の非軍事化に重点を置いたものから，その後，西側諸国の一員としての日本の経済力強化に転換したものの，それを事実上支えた行政は，実質的には日本の官僚機構との共同作業であった面も大きい。また，ドッジの用いた強力な財政金融政策の権限は，そのまま日本の官僚組織に継承され，主要な官庁が企業を指導する伝統を形成した。この「官僚制民主主義」という戦時経済の負の遺産は，米国の

図表１-３　日米の１人当たりGDP

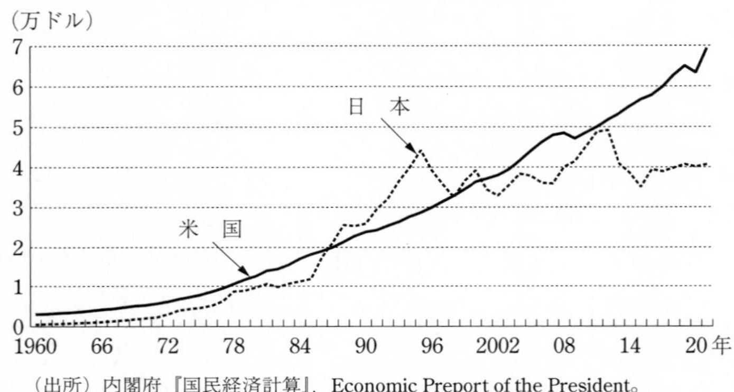

（出所）内閣府『国民経済計算』，Economic Preport of the President。

占領期にむしろ増幅され，その後の高度経済成長期にも，ほぼそのままの形で維持されたと言える。

日本の１人当たりGDPで示される所得水準が米国の４分の１程度であった1960年代には，欧米経済へのキャッチアップが国民的なコンセンサスとなり，民間の「企業戦士」をバックアップする政府主導の産業政策は大きな貢献を果たした。これが1990年代以降の大幅な円高によって，日本の１人当たりGDPが米国の経済水準に到達した後にも，そのままの形で維持された。官僚組織は，明確なキャッチアップの目標がある時には効果的であるが，日本自体が先進国の一員となり，目指すべき目標を失った後には，その社会主義的な側面の弊害が強くなる。それにもかかわらず，過去の政府主導の経済運営が維持されてきたことが，今日の日本経済が長期停滞の下で機能不全に陥っているひとつの要因と言える（図表1-3）。

第 **2** 章

高度経済成長の時代とその屈折

1960〜70 年代

東名高速（大井松田－御殿場間）開通　1969 年 5 月 26 日
時事

戦後の混乱期の後から1970年代央まで20年以上にもわたって，実質ベースで平均10%近い，高い経済成長率が持続した。この「高度経済成長期」は，現在の長期停滞の現状から振り返れば，まさに夢のような時代であった。高い経済成長の主たる要因としては，資本や労働力の増加があげられるが，それだけでは説明できない「残差としてのTFP〔全要素生産性〕」が，その大部分を占めていた。この内容は海外からの技術導入等による工学的な技術進歩だけでなく，国全体の労働力や資本量が，経済全体でどのように効率的に配分されているかの指標である。高度経済成長期には，経済全体で産業間・地域間の労働や資本が，いずれも生産性の高い分野へ活発に移動し，それを通じたダイナミックな産業構造の高度化が生じていた。

とくに労働市場では，地方の中学・高校卒の若い男女が都市部の工場やサービス産業に集団で就職することで，経済全体の労働力配分の効率性を著しく高めた。また，そうした若年世代がやがて結婚して家庭を持ち，新築住宅と一体となった，さまざまな耐久消費財を購入できる十分な所得を持つ，巨大な消費階層を形成した。この結果，年々拡大する乗用車や家庭用電気製品への消費需要は，日本の製造業にとって，多くの企業が同時に成長し，生産規模の利益と市場競争とを両立できるほどの広大な国内市場をもたらした。

日本の企業間競争の舞台は，国内市場での需要が一段落すると，輸出を通じて欧米諸国の市場に移動する。その結果，日本企業が欧米の寡占市場での企業間協調に慣れていた現地企業に厳しい価格競争を挑み，市場シェアを急速に高めることで深刻な貿易摩擦を引き起こした。この競争の対象は，繊維から鉄鋼・造船・自動車等，より高度な経済的価値を持つ産業へと移行した。この結果，海外からは個別産業の問題にとどまらず，日本企業が「不公平な競争」を仕掛けているという認識を生み，それが円のドルに対する為替レートが低すぎるのではないかや，米国に比べた日本の国内市場の閉鎖性という，貿易摩擦から日本の構造問題に発展していった。

高度経済成長の時代は，日本経済の国際化の進展と先進国への仲間入りの時期でもあり，その象徴としては，1964年のアジアで最初の東京オリンピックの開催と，先進国クラブであるOECD（経済協力開発機構）への加盟があった。もっとも，先進国の一員となるためには，海外の企業による日本企業の買収や現地法人の設立等，対内直接投資の自由化という大きなハードルがあった。当時は，自由化によって，日本の自動車等の企業は，巨大な米国企業に吞み込まれてしまうという危機感があった。しかし，OECDへの加盟で，先進国の一員となることは日本にとってのコンセンサスであり，その明確な目標に向けた企業の改革努力の結果，国際競争力のめざましい向上を実現した。また，その後，1971年のニクソン・ショックと変動為替相場への移行やプラザ合意も，米国の巨大な経済力の衰えと敗戦国であった日本やドイツ経済の隆盛を象徴するものであり，その後の持続的な円高の歴史の始まりであった。

2.1 経済成長の要因

一国の経済成長の要因を資本や労働力の増加率で説明する「成長会計」の手法は古くから用いられてきた。これを高度経済成長期（1955～70年）に適用した分析では，約10％の実質経済成長率のうち，資本や労働力の投入量による部分以外の全要素生産性，つまり「技術進歩」が約3分の1を占めていた（図表2-1）。これは，米国の詳細な成長会計の手法を日本に当てはめた，デニスンらの研究（Denison and Chung 1976）とも整合的である。ここでの「技術進歩」とは，工学的な意味での技術革新だけでなく，既存の資本や労働の経済全体でのより効率的な配分による面が大きい。たとえば，日本全体の労働力水準が不変でも，それが過剰就業で労働生産性の低い農業等の産業や地域から，労働力が不足している生産性の高い工業等の分野へ移動することで，個人の所得水準が高まるとともに，経済全体での平均的な労働生産性は向上する。また，低生産性の中小企業が高生産性の大企業によって系列化され，そこに資本や技術が移転される場合も，同様に資本生産性は向上する。

もっとも，経済成長とは，それ自体が成長の要因でもあり結果でもあるというダイナミックなプロセスであり，解剖学のような静学的な手法では捉えきれない面もある。高度経済成長期の日本経済は，戦前のように巨大な軍事費の負担がなくなり，若年人口が主体で社会保障負担も少ない「小さな政府」の下で，自由な市場経済の多くの利点を備えていた。主要先進国が各々

図表 2-1 戦後の経済成長とその要因

	1955～60年	1960～65年	1965～70年	1970～75年
実質経済成長率	8.7	9.7	12.2	5.1
労働力	2.4	2.0	1.3	−0.3
資　本	4.0	5.3	5.4	3.7
全要素生産性	2.3	2.4	5.5	1.7

（出所）香西・土志田（1981）。

の植民地を抱え込んでいた戦前のブロック経済の枠にとらわれず，どの国とも自由な貿易や投資が可能な世界市場の拡大により，民間企業の輸出とそれを支える投資機会が大幅に拡大した。また，それが家計の所得水準の急速な向上を通じた貯蓄の増加で，企業の投資資金が調達される等，貯蓄と投資の好循環メカニズムが存分に働いた時期でもあった。この高度経済成長期には，以下のような主要な特徴があった。

第一に，「投資が投資を呼ぶ」と言われたように，市場が持続的に拡大する期待の下で，企業は資金調達ができる限り投資を増やす結果，慢性的な貯蓄不足の状況であった。また政府もドッジラインの伝統を守り，財政はほぼ収支均衡を維持したことから，民間部門の投資額を上回る貯蓄の不足は，経常収支の輸入超過（赤字）と見合っていた。ここで企業の生産活動がさらに拡大すると，それに伴い燃料・原材料中心の輸入額が増え，輸出額を上回ることから経常収支の赤字幅が大きくなる。その結果，赤字を埋めるために政府の外貨準備高が減少すると，その一定水準以下への低下を防ぐために金融引き締め策が発動され，投資が抑制されることで景気後退期を迎える。このように，高度成長初期の景気循環の主たる要因としては，乏しい外貨準備の制約が大きかった。

ここで金融引き締めの結果，やがて国内の生産活動の沈静化で原材料輸入が減る一方で，採算割れでも海外市場を目指す「輸出ドライブ」（コラム②）から経常収支が改善し，黒字になると外貨準備高も増え始める。その結果，金融が緩和されると設備投資が盛り上がり，急速な景気回復が生じるという景気循環が繰り返された。

今日では，金融政策は引っ張ることはできても押すことはできない紐のようなもので，金融引き締めには有効でも，金融緩和には効き難い，非対称的な政策手段と言われる。しかし，高度経済成長の時代には，同じ紐でも少しでも緩めれば勢いよく飛び出す猛犬を引いているような状況であり，金融政策の効果は，引き締めと緩和の両面できわめて大きかった。

第二に，家計の貯蓄率の高さも大きな特徴であり，自営業も含めたSNA（国民経済計算）ベースでは，平均15％の高い水準を維持していた。これは日本人の勤勉さ等の文化的な要因で説明されやすいが，単に家計所得の急速な増加に過去の所得に見合った消費習慣が追い付かず，貯蓄が自動的に増える効果（歯止め効果）が大きかった。また，これは貯蓄を取り崩す引退世代の人口に対して，老後に備えて貯蓄する勤労世代人口がはるかに大きな比率を占めるという「貯蓄のライフサイクル仮説」でも説明される。高度経済成長期の日本では，戦争直後の高い出生率が急速に低下する一方で，高齢者の比率も低く，年少者と高齢者人口の和の勤労世代人口との比率（従属人口比率）が急

コラム② 輸出ドライブの経済合理性

不況になると赤字覚悟の低価格で海外に製品を輸出する「輸出ドライブ」は，高度経済成長期の日本企業にしばしば見られた行動であった。これは，海外からはダンピングと批判されやすいが，とくに市場シェア拡大のための安売りではなく，好況期になれば自動的に消滅する。この日本企業の行動は，文化の違いではなく経済学の教科書にある平均費用曲線と平均可変費用曲線とのギャップの大きさで説明できる。製品の市場価格と平均費用曲線（固定費用と可変費用の合計と生産高の比）との接点が「収支均衡点」で，これ以下の価格では企業の収支は赤字になる。しかし，平均費用曲線よりも下方にある平均可変費用曲線（可変費用と生産高の比）と価格との接点である「企業閉鎖点」までであれば，（固定費用を考慮しない）短期的なベースの収支は黒字である。しかし，価格がこれ以下になれば，企業は生産すればするほど赤字が増えるため，生産活動を続けることができないことは，日米企業に共通した原則である（図表 2-2）。

ここで，不況時には生産の落ち込みに比例した労働者の解雇が容易な米国企業では，労働費用は原材料費と同じ可変費用の一部であるが，長期雇用保障の日本企業では，正規社員の労働費用は工場や機械の購入費と同じ固定費用と見なされる。このため，生産技術的には同じ費用構造の日米企業を比較すると，労働費用が可変費用に含まれない日本企業では，米国企業よりもはるかに低価格になるまで企業閉鎖点に到達しない。このため，一時的な不況期であれば，日本企業にとっては（固定費を含めたベースで赤字で

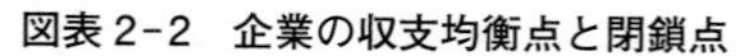

図表 2-2　企業の収支均衡点と閉鎖点

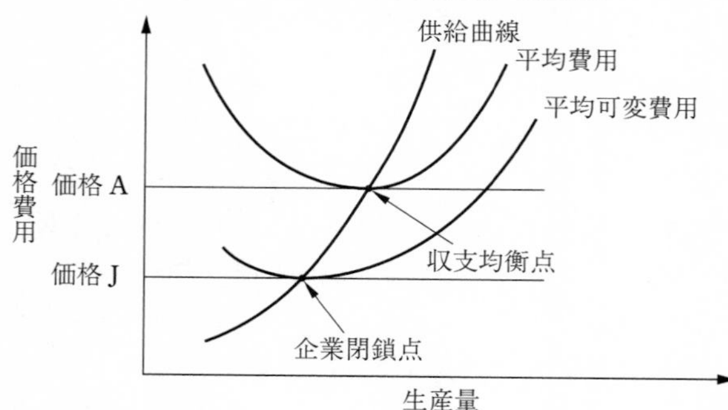

も）輸出を続けることが合理的となる。このように，労働費用を固定費用と見なす日本企業の行動は，過去の高い経済成長期には効率的な面もあった。しかし，今後の低成長期では，日本企業が過大な固定費用を抱えていることが，米国企業と比べて慢性的な低収益構造となるひとつの原因となっている。

速に低下したことで，人口の稼働率が高く，生産性の高い人口構成となっていた（図表 2-3）。

このように，社会全体で見た子どもや高齢者の扶養負担が低かった「人口ボーナス」の時代では，家計所得の大きな部分が貯蓄に回され，それが旺盛な投資需要を支えて高い経済成長と結び付いた。日本では，この従属人口比率が低下する時期が，戦後の高度経済成長期に相当していた。これらの家計貯蓄は銀行に預けられ，それが集積されて企業に貸し出される間接金融が発展し，企業の慢性的な資金不足を背景として金融機関が大

図表 2-3　人口構造と経済成長率

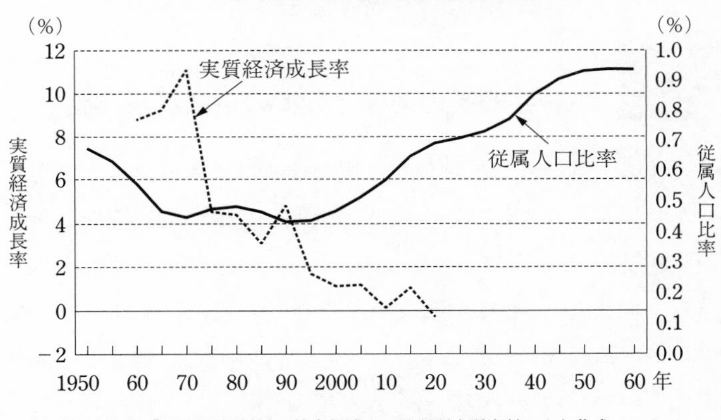

（出所）内閣府『国民経済計算』，社会保障人口問題研究所資料により作成。

きな役割を担ってきた。これは一部の高所得層が株式や債券で資産を運用していた戦前の直接金融主体の市場との大きな違いであった。

第三に，ドッジライン以来，均衡財政主義を貫いていた財政部門では，高い経済成長の下での大幅な税収増加によって資金余剰が発生し，それが政府の財政投融資会計を通じて，慢性的に不足していた社会資本の建設に向けられた。東海道新幹線や東名高速道路等は，当初は世界銀行の融資を受けて建設されたものであったが，その後の主要な社会資本は，政府自身の資金で賄われた。高度経済成長期に建設された高速道路や鉄道は，企業の経済活動を効率化させる外部経済効果が大きく，社会資本の整備が経済活動の効率性を高め，さらなる民間投資を呼ぶという補完的な関係も見られた。このように財政黒字と金融緩和との組み合わせが高貯蓄・高投資経済の原因でもあり，その結果でもあったと言える（館・小宮 1964)。

2.2 戦後高成長の要因としての自由貿易体制

戦後の混乱期からの高い経済成長は，第二次世界大戦で大きく落ち込んだ日本経済が，戦前の水準へ復帰する過程でもあった。1956 年の『経済白書』では，戦争による経済水準の落ち込みを回復し，「もはや戦後ではない」と宣言したが，その後も日本経済の成長は持続した。これについては，戦時中には停滞していた欧米からの技術導入が増えたことの影響もあったが，最大の要因は世界的な市場の広がりと言える。

これは米国主導の国際秩序の下で，日本が西側諸国のどこからでも自由に輸入し，どこへでも輸出できる自由貿易体制となったことのメリットは大きい。国内資源に乏しい戦前の日本経済では，石油や原材料輸入の確保が大きな不安定要因となっていたが，戦後は逆に，世界中で最も安価なものを輸入できるというプラス要因に転じた。これは国内に豊富な石炭資源を有する西ドイツが，それを保有しているがゆえに，石炭の保護政策をとらざるをえず，安価な海外資源を十分に活用できなかったことと対照的である。もっとも，この自由貿易体制において，米国はその巨大な国内市場を諸外国に開放した反面，第二次世界大戦で疲弊した日本や欧州諸国には一定の保護措置が許容されるという片務的な面もあった。これは後に，日本や西ドイツの戦後復興が進むとともに，米国からの見直しを迫られることになった。

世界的な自由貿易体制が経済成長を促進させる主要なメカニズムのひとつに，「生産規模の利益」がある。これは，とくに大規模な設備を必要とする製造業で，企業の生産規模が拡大するとともに，固定費用の低下から平均費用が下がり価格競争力が向上するメリットである。他方で，国内市場の規模が小さいと，生産規模の小さな企業の新規参入が困難となることから，先行した企業の独占や寡占の状態に陥りやすく，市場競争が阻害されやすい。しかし，戦後の日本では，高い家計所得の伸びに支えられた旺盛な消費需要で国内市場の規模が急速に拡大するとともに，外国市場へのアクセスが容易となったことから，多くの企業が共存し，それぞれが生産規模の利益を享受しつつ，活発な競争状態を維持することで，さまざまな産業の発展に結び付けることができた。

こうした戦後の自由な世界貿易体制が，日本経済の発展に果たした大きな役割から，日本は率先してWTO（世界貿易機関）の一括関税引き下げや，二国間の自由貿易・経済連携協定の拡大を目指してきた。自由な貿易・投資圏の拡大を目指す「TPP（環太平洋パートナーシップ）協定」も，いわばその延長線上のひとつにすぎない。それにもかかわらず，TPPへの参加や条約の批准を巡って，2010年以降，国論を二分するような議論が行われたこと自体に，日本経済の衰退の兆しが見られたと言える。

 2.3 経済成長を支えた産業間の労働移動

世界的な自由貿易体制と並んで高度経済成長期を支えた大き

な要因として，国内の活発な労働移動があげられる。労働者が生産性の低い農業主体の郡部から，労働力不足で生産性の高い製造業・サービス業が集中する都市部へと移動することで，経済全体としても「労働力配分の効率性」が高まる。また，個々の産業内での労働生産性向上だけでなく，高生産性部門の労働者の産業全体に占める比率の高まりが，産業全体での平均的な生産性向上の大きな要因となった。

労働力の地域間移動には，経済全体の労働生産性を高めるだけでなく，同時に地域間の所得格差を縮小させる効果もある。1970 年代央までの高度経済成長期には，1 人当たりの所得増加率の高さだけでなく，それが同時に所得格差の縮小を伴っていた。一般に，経済成長には「富める者がますます富む」というイメージがあるが，労働力の供給に一定の制約がある場合には，最も賃金の低い労働者の供給が先に不足することで，その賃金が先行して上昇する場合が多い。これは高度経済成長期末期の中学卒就業者が，高校進学率の高まりの下で供給が減少し，極端な売り手市場となったことで「金のタマゴ」と呼ばれたことにも示されていた。このように，高い経済成長と所得格差の縮小は，国民生活の中流階層化が進むという望ましい社会的変化をもたらした。

1960 ～ 74 年の大都市圏への人口流入は，年平均 130 万人と高い水準となっていたが，これには，中学や高校を卒業したばかりの若い男女という，最も地域間の移動コストが小さい層が大きな比率を占めていたことによる面も大きい。これらの大量の若年労働者が，企業内の訓練プロセスを経て，日本の製造業等を支える熟練労働者として育っていったことが，製品の質向上にも大きく貢献した。

以上のように，高度経済成長のメカニズムは，世界的な貿易自由化という外部の要因が働いたことで，国内市場でも多くの好循環メカニズムが働いた。第一は，投資が投資を呼ぶメカニズムであり，たとえば自動車産業の投資が，それに必要な材料や部品を生産する鉄鋼や精密機械等の産業の設備拡大のための投資を誘引するという場合である。第二は，産業の生産拡大のために雇用や賃金を増やすことで労働者の家計所得が増え，それが乗用車や家庭電気製品等の消費財産業への新たな需要を生むプロセスである。第三は，家計所得や企業利益の拡大から，次の生産を生み出す投資活動と，そのための資金を調達する家計貯蓄が生み出されることである。こうした何重もの経済活動の好循環の連鎖が円滑に働いていたのが高度経済成長期の大きな特徴であった。

こうした好循環メカニズムをさらに促進することを経済政策の目標として提示したものが，1960年の池田勇人内閣の「所得倍増計画」であり，「10年間で月給を（インフレを除いた実質ベースで）2倍に」というわかりやすい政策目標が掲げられた。この「経済計画」とは，社会主義国のように政府が産業別の生産量を詳細に定めるものではない。政府は政策目標として掲げた経済成長率と整合的な公共投資の整備計画を策定することで，民間企業の設備投資を誘導する仕組みであった。この池田内閣の野心的な目標は，当初の10年間（平均7%成長）を上回り，ほぼ7年間（平均10%成長）で達成された。

この「所得倍増計画」は，政府の示した経済成長のターゲットを民間企業が信頼し，個々にそれと整合的な設備投資を行うことで，結果的に大幅に前倒しして実現したもので，現在でも高度経済成長期のダイナミズムを示すひとつの象徴となった。これに対して，アベノミクスで2016年に公表された名目GDPを直近の500兆円から600兆円に増やす政策目標は，GDPの成長率を水準に置き換えただけの違いであるが，2015年までの10年間の名目ゼロ成長の実績と比べれば，きわめて困難なもので，結果的には実現できなかった。

2.4 経済成長の「負の側面」

もっとも，1970年代に入ると，経済成長のプラス面だけではなく，マイナス面も現れてきた。これは民間部門の高い経済成長と都市部への大量の人口流入に伴う，道路・鉄道等の混雑や環境汚染等の深刻化であった。これらを改善するための社会資本投資や環境規制が十分ではなかったために，経済成長と地域経済や環境の保全等を対立関係として捉える思想が生まれる契機となった。

これは，第一に，急速に増える大都市の人口に対して，鉄道・道路・電力・ガス等の社会インフラの整備が追い付かず，大都市での混雑現象が激しくなったことである。他方で，人口が流出する地方では過疎問題が発生し，とくに政治・行政・経済のコア部分を持つ東京圏への「人口一極集中の弊害」が唱えられた。他の都市部でも，工業やサービス業の急速な発展は，若年層の都市への流出や世帯主の出稼ぎ等により，農業以外の主要な産業を欠く地方の人口減少を生み出した。

この年の過密と地方の過疎という地域間不均衡の拡大に対しては，混雑する大都市の社会資本不足を補う公共投資の充実と，地方産業の活性化が本来の政策のあり方となる。しかし，現実には，大都市での工場等の新設の抑制等，人口流入を抑制する縮小均衡を目指す政策が行われた。また，政府が公共投資を通じて地方での雇用機会を創出することで，日本全体で人口の過密と過疎をともに防ぐ，「地域の均衡ある発展」を目指したこともあった。この具体的な手段が，1962 年に開始された「全国総合開発計画」であり，京浜や阪神の工業地域に偏ることによる弊害を是正し，政府が選択した特定の地域の拠点開発に誘導することであった。

この「全国総合開発計画」は，マクロの経済成長等にかかわる「所得倍増計画」と整合的なものとして策定されたが，現実には，両者の間でのトレードオフ関係が避けられなかった。高い経済成長のためには，太平洋ベルト地帯のように，すでに民間資本が集積している地域に，その混雑を防ぎ，さらなる民間投資を促進させる効果の大きな道路や港湾等の社会資本を重点的に整備することが合理的である。他方で，「地域の均衡ある発展」を目指すためには，むしろ民間企業があまり進出していない過疎地域に工業団地を先行的に整備し，工場を誘致する政策が必要となる。しかし，これは社会資本投資を，あえて社会的効率性の低い地域へと優先的に配分することになる。

全国総合開発計画に対しては，マクロの経済計画が優先されたために，結果的に地域の均衡ある発展は実現できなかったとの批判がある。他方で，民間投資をほとんど誘発せず，売れ残りが続発した地方での工業団地等，社会資本の無駄遣いを生んだことも否定できない。とくに，京浜・阪神の二大工業地域での工場や大学の新設を抑制し，地方への分散を促す工場等制限法（首都圏は1959年，近畿圏は1964年）は，結果的に工場の新設が制限された近畿経済圏の衰退と，そうでない中京経済圏の発展という，政府の強権的な介入による地域間の産業発展のバイアス等をもたらした大きな要因となった（八田 2006）。

国が国土開発の基本方針を示して地方がそれに従うという「全国総合開発計画」は2005年に国土形成計画と改称され，個々の自治体が自らの地域開発を考える，地方分権に重点を置く時代となった。それにもかかわらず，大都市への人口の一極集中を是正し，多極分散型の国土を形成するという思想は，今日でも生き続けている。たとえば，公共投資依存型の経済成長を目指す「国土強靭化基本法（2013年）」や，最近の東京都23区の大学定員の抑制策を含む「まち・ひと・しごと創生基本方針（2017年）」のような形で部分的に復活している。

第二に，経済成長に伴う大気・水質汚染等，環境問題の深刻化である。とくに工場排水が原因となった水俣病等が大きな社会問題となるとともに，1967年に公害対策基本法が制定され，71年には公害対策の一元化を図るために環境庁が設立された。また，OECDでも，環境対策の遅れている国ほど企業の汚染防止費用の負担が少なく，それが国際競争力に反映することで不公正貿易に結び付かないよう，「（公害の発生者である）汚染者負担の原則」に基づく共通の基準を作ることを加盟国に求めた。この時期の日本では，経済成長を追求すれば公害が深刻になるという二者択一の考え方が見られ，自動車の排気ガス基準の設定等，個別産業への環境規制が強化された。こうした環境規制の強化に対しては，当初は自動車産業の国際競争力を阻害するのではないかという懸念があった。しかし，企業の環境汚染対策は，同時にエネルギー利用の効率化と整合的なものであった。このため，その後の石油価格の高騰等により，エネルギー効率性の高い日本の乗用車への需要が世界的に高まったこともあり，結果的に，むしろ競争力の強化に結び付いた面が大きい。

本来，環境保護とは，必ずしも経済成長と矛盾するものではなく，大気や河川等の自然環境の価値が市場取引に反映されない「外部不経済効果」による面が大きい。このため，政府の適切な規制や課税等の市場への介入で，環境悪化のコストを生産者に負担させ，それを取引価格に反映させれば良い。その結果，環境汚染を伴う生産物の価格上昇を通じて，経済活動を抑制するように市場の力が働くことになる。これは外部不経済効果のコストも織り込んだ経済活動の効率化をもたらす効果がある。この点，1973 年に生じた原油価格の大幅な上昇（第一次石油危機）は，いわば石油の使用に対するエネルギー課税と同じ効果を持ち，その結果，日本産業のエネルギー効率性は大幅に改善した。1970 年代と 80 年代との 2 回にわたる石油価格の大幅な上昇によって省エネルギー投資が増えた。これは，その後の GDP や工業生産の拡大にもかかわらず，原油を主体とした鉱物性燃料の輸入は，長期的に横ばいとなっていることにも示されている。

もっとも，戦後から平均10％で，その上下の幅（標準偏差）が2%という安定した高成長を続けてきた日本経済が大きな壁に衝突したのが第一次石油危機であった。1973年の第4次中東戦争を契機に中東からの石油の供給が途絶えるという恐れから，原油価格はそれ以前の水準の3倍に跳ね上がった。この結果生じた高い物価上昇率と，他に代替できない原油輸入額の大幅な増加による国内からの所得の流出から生じたデフレとが同時に生じた。この「スタグフレーション」は，実質賃金の低下を防ごうとする労働組合の大幅な賃上げ等との相乗効果から，1973年の消費者物価は20％台の大幅上昇となり，経済活動の混乱から経済成長率は，戦後初めてのマイナスとなった。また，これ以降，1980年代末までの経済成長率は4％と，70年代以前の半分以下の水準にまで低下した。

この経済成長率が半減した要因については，原油価格の値上がりや環境規制の強まりが重厚長大産業の成長を抑制するなどの外的な要因を指摘するものが多かった。しかし，石油価格の値上がりは相対価格の変化にすぎず，むしろそれを契機に日本では省エネルギー型の産業構造への転換が進んだ。また，他のOECD主要国では，第一次石油危機の前後で，経済成長率が大きく低下していない。さらに日本でも，1979～80年に生じた第二次石油危機では，より大幅な石油価格の上昇にもかかわらず，成長率の減速はほとんど見られなかった（図表2-4）。これらを考慮すれば，1970年代央の経済成長の大幅な屈折の要因を，単に第一次石油危機の発生だけに求めることはできず，

図表 2-4　第一次・第二次石油危機前後での主要国の経済成長率

（単位：実質，%）

	1963～73年	1976～78年	1981～91年
OECD	4.9	4.2	3.1
米　国	4.0	5.2	3.0
日　本	10.2	5.7	4.0
西　独	4.6	3.8	2.8

（出所）OECD。

むしろ国内の労働移動が政治的な力で阻害されたことによる面が大きい。

第三に，福祉国家の構築である。高い経済成長の下で，年々，豊かになる勤労者世代と比べて，経済成長から取り残された貧しい高齢者の生活保障が大きな課題となった。このため，田中角栄内閣では，老人医療費の無料化や財源の裏付けのない公的年金の大幅な充実等を実施し，欧州主要国のような福祉国家の建設を目指したことから，1973年が「福祉元年」と称された。しかし，皮肉にも，高い経済成長に基づく豊かな税収が将来とも持続することを前提として，現行の大規模な年金や医療保険制度の骨格が設定された直後から経済成長率は半減した。また，それまで人口を静止させる2.1の水準で安定していた合計特殊出生率（1人の女性が一生の間に産む子ども数）も持続的な低下に転じ，さらに高齢者の平均寿命が予想を上回る伸びを示すなど人口構造の大きな変化が始まった。

この人口高齢化はいわば氷河の動きのようなもので，見かけの変化は遅くとも，いったん動き出せば，止められない巨大な慣性を有している。1960年までの65歳以上の高齢者が人口全体に占める比率は5%で，先進国平均よりもはるかに低かったが，それが2020年には25%を超え，さらに2050年には40%近い水準への高まりが見込まれている。

高度経済成長期の豊富な財源を前提として，「地域の均衡ある発展」や「福祉国家の建設」を打ち出した田中内閣の政策は，その後の経済成長の大幅な減速が生じた後の時代にも，ほぼそのままの形で維持されてきた。1990年代以降の大幅な財政赤字の持続と公的債務累積の基本的な要因は，この高度経済成長末期に生じたと言える。田中首相については，その決断力や指導力に関する評価が高いが，日本経済の成長屈折にもかかわらず「大きな政府」を主導した政治家として，後の世代にもたらした「負の遺産」についても考慮する必要があろう。

第3章

日本経済の国際化と経済摩擦

1980年代

連邦議会前で東芝製品を壊すロビー活動をする米団体（ACU）代表　1987年

AFP＝時事

第一次石油危機を契機に，それまでの平均10％の高度経済成長の時代が終わった後も，1980年代の日本経済は，先進国の中では平均4％の高い経済成長率と2.5％の低い失業率を維持していた。また，1970年までの経済成長の制約要因であった経常収支赤字が，一転して大幅な黒字基調になるとともに，米国やドイツと並んで経済大国としての地位が確立された。これは同時に，経済停滞と経常収支赤字に悩む米国から，円の切り上げと輸出の抑制・国内市場の開放を求められる経済摩擦の時代の幕開けでもあった。これを受けた1985年のプラザ合意では，日独米の国際協調に基づく為替調整が実施されたが，当初の目標を大幅に上回り，為替介入前の2倍近い水準の円高となってしまった。この大幅な円高に伴う不況を防ぐために，国内では金融・財政政策の著しい拡大政策がとられた。もっとも現実には円高と石油価格の下落による交易条件の改善と輸入額の大幅な減少から，結果的に実体経済の落ち込みは予想よりも軽微にとどまった。むしろ過剰な金融緩和による資金余剰が，1980年代後半期のバブル景気を引き起こした主たる要因になるとともに，その崩壊後の長期経済停滞につながる大きな背景ともなった。

3.1 経済活動の先進国化と為替調整

1960年代までに日本経済の成長の大きな制約要因となっていた経常収支の壁は，輸出競争力の高まりとともに70年代には大きく改善し，外貨準備も十分に高い水準を維持できるよう

図表 3-1　経常収支と為替レート

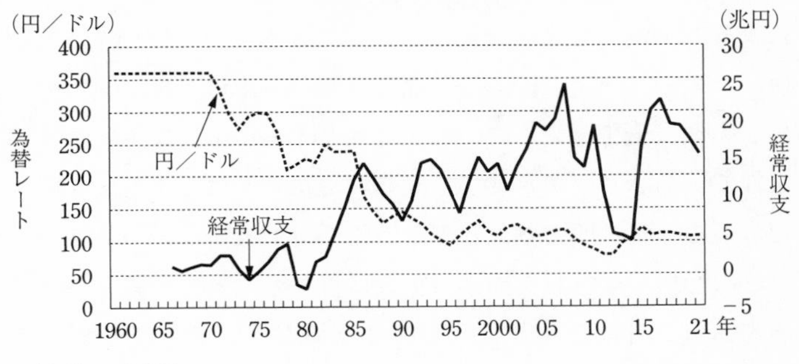

（出所）日本銀行。

になった。これが1980年代には経常収支の黒字基調が定着するとともに，その規模が大きすぎることが日米間での政治的な問題となった（図表3-1)。この背景には，日本からの自動車や家電等を中心とした耐久消費財の輸出が大幅に増える一方で，原油価格の値下がり等による輸入額の減少があった。他方で，人口の年齢構成でも団塊の世代が壮年期を迎え，所得水準の向上を背景に家計部門の貯蓄が大幅に増加し，企業の旺盛な投資需要を賄っても，なお貯蓄超過となったこととも表裏一体の関係にあった。この国内投資を上回る水準の貯蓄は，企業の本格的な海外進出とともに，海外での企業買収や工場の新規着工等の直接投資の原資ともなった。

この時期の最大の出来事は，1971年に1ドル360円の固定為替レートから，308円の固定為替レートを経て，73年に政府が特定の為替水準を維持するという約束を行わない変動為替レートへ移行したことと，その結果，大幅な円高が進行したことであった。この契機となった出来事は，1971年の米国政府による，ドルと金との交換を約束した金本位制を停止する声明（ニクソン・ショック）による大混乱であり，それ以降，ドルの価値が大幅に低下した。こうした中で円レートは，１ドル308円を経て，約250円の水準まで高まった後，しばらく安定していたものの，日米間の貿易収支の不均衡は拡大する一方であった。

このため，経常収支赤字の拡大に悩む米国と二大経常黒字大国であった日本と西ドイツ（当時）との間で，世界的な国際収支の不均衡を是正するため，1985年秋には，日独通貨の切り上げ・米ドルの切り下げという国際的な協調介入（プラザ合意）が行われた。敗戦国であった日本とドイツが，こうした国際的な経済協力の主要なメンバーとなること自体が，その国際的な地位向上の象徴となった。この為替調整自体は成功したものの，いったん，過小評価されていた円の対ドル水準の是正が始まると，その調整範囲は，当初の関係国間の意図をはるかに超え，直前の為替水準の２倍近い１ドル125円の高水準となった。この背景には，国際的な資金移動の規模は，すでに各国の通貨当局が管理できる範囲を大きく超えていたことがあった。

しかし，これほど大幅な為替調整にもかかわらず，結果的に日米間の貿易収支の不均衡はほとんど改善しなかった。むしろ，円高によりドル建ての輸出価格は直ちに高まる反面，その価格上昇に伴う輸出数量の減少は徐々にしか生じないことから，短期的には，日本の対米黒字額は逆に増える「Ｊカーブ効果」が生じた。こうした経済学の教科書にある，円高が長期的に日本の輸出数量を抑制し，輸入数量を増加させる効果が生じなかったことの背景には，以下のようなさまざまな要因が生じたためであった（八代 1992）。

これは第一に，円高に比例したドル建ての輸出価格の上昇分は，日本企業が円建て輸出価格を自ら引き下げることにより，本来の円高の半分程度に抑制されたことである。これは輸出先の市場シェアを確保するために，短期的な利益を犠牲にしてもドル・ベースの販売価格の上昇を抑制する日本企業の長期的な市場戦略によるものであった。もっとも，加工貿易主体の日本の製造業では，その負担は円高による輸入原材料・燃料の価格低下で，一定のタイムラグをおけば軽減される「パス・スルー効果」が働いたことも大きかった。

第二に，円高による輸出量の減少は，それに伴う景気悪化による国内生産活動の低下（デフレ効果）を通じて原材料・燃料輸入を抑制し，貿易収支の悪化を部分的に相殺する効果を持っていた。とくにこの時期の日本では，輸入に占める消費財等の製品比率が5割程度と，他の先進国と比べて低く，国内で代替できない燃料や原材料等の比率が高かったことがある。また，消費財の比率が低いために，円高によるドル・ベースで輸入した外国製品の国内価格の低下が，その輸入数量の増加に結び付くことで貿易収支黒字を減らす価格効果が小さかったことも影響していた。

第三に，日本企業が円高によるドル・ベース価格を引き上げる際に，肝心の競争相手の米国企業が，日本製品に対する価格競争力の向上で，国内市場シェアを取り戻す代わりに，自らの製品価格も一緒に引き上げ，短期的な利益を追求する行動をとったことである。これは円高で米国内の価格を引き上げる日本企業に，米国企業が追従する寡占的な状況に近い市場となっていたためであった。

このように，市場シェア維持重視の日本企業と，その逆に短期的な利益重視の米国企業との組み合わせにより，日本企業の輸出価格が上昇しても，それによる輸出数量の減少幅は小さく，むしろ製品価格の上昇からドル・ベースの輸出額自体が拡大し，対米貿易黒字幅が逆に拡大することになってしまった。

最後に，日本の国内市場でも，大幅な円高による景気の抑制（デフレ）効果は予想よりも小さかったことがあげられる。これは，円高による輸入価格の低下と原油価格の大幅下落の効果とが重なった「（安く輸入して高く輸出することによる）交易条件の改善効果」によるものであった。この効果は国内企業の利益率を高めるとともに，人々の実質所得を高めた面も大きかった。こうした円高や原油価格低下のプラス面が十分に考慮されなかったことが，結果的にバブルを引き起こすほど過大な財政支出の拡大や金融緩和を生み出したひとつの要因となった。

日米通商摩擦の拡大

日米間では，戦後，1950年代の繊維，60年代の鉄鋼，70年代のテレビや乗用車，80年代の半導体等，個別産業ごとの貿易摩擦が連続的に生じていた。また，その過程で摩擦の対象となる製品が付加価値のより大きな分野に移行するとともに，米国の主要な産業における日本製品のシェア拡大が生じた。この結果，国内生産の減少と失業者の増加に追い込まれた米国の企業や労働組合を巻き込んだ，大きな政治問題となった。とくに米国で巨大な消費市場を持つ乗用車について，第二次石油危機によるガソリン価格の高騰で，小型で燃費効率の高い日本車の人気が高まり，大型車中心の米国市場における日本車のシェアが急増した。このために，生産や雇用の大幅な減少に直面した米国自動車産業が，政府に日本車の輸入を抑制する強力な保護貿易措置を求めた。

他方で，世界の自由貿易の旗手としての米国政府は，国際的に影響の大きな関税引き上げや輸入制限措置をとることはできない。その代わりに，日本政府に対して，米国に輸出する乗用車を「自発的な措置」として制限することを求めた。これが1981年から94年にわたって実施された日本の米国に対する乗用車の「輸出自主規制（VER：Voluntary Export Restraint）」であった。

この内容は，米国政府の要請に基づき，日本政府の主導で乗用車の対米輸出量を，当初年間168万台（最大時点では230万台）に抑制する仕組みであった。これは日本企業による事実上の「輸出カルテル」であり，日米両国の独占禁止法に違反する行為であったが，日米政府の政治的な合意によって，その違法性が問われないというきわめてグレーゾーン的なものであった。これによって，当初予想されなかったさまざまな副次的な影響が生じた。

第一に，米国市場で小型の燃費の良い日本車への大きな需要があるにもかかわらず，その供給が人為的に制限されたために，乗用車価格の上昇が生じた。また，制限対象が乗用車の台数であり販売額ではないため，日本企業は所与の制限台数内で，より利益率の高い高級車へのシフトを進めた。その結果，価格の安い日本車の供給不足がさらに強まるなど，米国の消費者にとっては大きな負担増となった。

第二に，米国から見た輸入の制限対象国は日本だけであったため，競合する韓国からの乗用車の対米輸出が大幅に増加した。当時の韓国の自動車企業は，日本からエンジン等の主要部品を輸入していたため，これは事実上，自動車部品を，日本から韓国を通じて米国市場で販売する「迂回輸出」となった。

第三に，日本の自動車会社ごとの輸出枠は前年の輸出実績で配分されるため，トヨタと日産の上位2企業が，とくに価格上昇で大きな利益を得た。こうした事実上の輸出割り当ては，米国での売上高が減少した際にも，翌年のための輸出実績を確保するため，年度末に無理に輸出を増やすという「過当競争」を生んだ。他方で，輸出量が厳しく抑制されたホンダ等の下位自動車メーカーは，販売量を増やすために，輸出の自主規制の対象とならない現地生産に踏み切り，米国内に自動車会社を新設した。とくに，日本の自動車会社は，米国の自動車労働組合の強い北部地域を避けて，米国中部や南部の州に次々と進出し，工場建設や多くの雇用を生み出したことから，そうした地域では歓迎され，日米間の貿易摩擦を鎮静化させるひとつの要因となった。

この輸出自主規制は，1985年以降の大幅な円高による日本の対米輸出の採算悪化と直接投資による米国における現地生産拡大への代替が進んだことで，次第にその必要性を失ったものの，94年まで存続した。こうした実質的な輸出カルテルでの価格上昇により，利益を得たのは米国と日本の自動車企業であり，米国の消費者は大きな費用負担を強いられた。日本の輸出自主規制による自動車価格の値上がりがもたらした米国の消費者余剰の減少額は1984年で30億ドルに達したが，それで増加した米国の自動車産業の雇用者数は2万4000人にとどまり，1人当たり12.6万ドルの費用を要したことになる。これは当時の自動車産業労働者の平均給与（3万7000ドル）の3倍以上であり，むしろ税金で給与を補償した方がはるかに米国消費者の負担は少なくて済んだと言える（後藤 1988）。これは政治に左右される保護貿易の愚かしさを示した典型例と言える。

それにもかかわらず，米国保護主義的な動きは，2017年に就任したトランプ大統領の日本不公正競争論の形で再燃した。これは米国市場で販売されている日本車の75％が米国内で生産され，多くの雇用を生んでいる事実と矛盾している（JAMA 2017）。

3.3 日米構造協議の意味

過去の日米貿易摩擦の多くは，米国から日本に対して対米輸出の抑制を求めるものであったが，逆に米国の対日輸出の拡大を目指したものが，1989年から始まった日米構造協議（SII：Structural Impediments Initiative）であった。これ以前にも，米国は日本に対して農業分野でオレンジや牛肉の輸入促進を求めた例はあったが，そうした個別分野の問題ではなく，後述する日本の市場自体の閉鎖性が，米国製品の輸出を阻む大きな要因であり，そうした不公平自体を是正すべきという「公正貿易（fair trade）」の主張であった。

日本の市場の閉鎖性のひとつの根拠として，当時の日本の輸入の大部分は原材料や燃料であり，他国からの製品輸入の水準が先進国の中ではとくに低いことが指摘された。もっとも，日本の製品輸入比率の低さについては，日米の研究者から，国内市場の規模の大きさ（小国ほど他国との相互依存性が高く，輸入依存度が高いこと）や，他の先進国との平均距離（欧州や米国のような隣接国と陸続きでないと輸送コストが大きくなる）等の客観的な要因でも説明可能であり，必ずしも市場の閉鎖性の根拠にはならないことが示された（Saxonhouse 1982）。

それにもかかわらず，米国が日本の市場の閉鎖性の象徴的な存在として指摘したものとして，企業間の系列取引や大規模小売店舗法（大店法）等があった。系列取引には金融や流通面など多様な種類があるが，なかでも製造業を中心とした生産系列では，大企業が特定の中小企業と長期的な部品等の購入契約を結ぶもので，そこに米国も含む他企業の新規参入が困難となることが，公平な競争を妨げる要因となるという指摘であった。しかし，自動車等，多くの部品を組み立てる産業では，一部でも不良部品が混入することで，高価な最終製品の価値を損なうため，単なる価格競争には必ずしも適していない。このため，米国の自動車会社では，コアとなる部品は外注せずに自社内で生産している。これに対して日本の自動車会社では，長年の取引関係にある信頼できる複数の系列企業に生産を委ねるという違いである。すなわち，日本の系列取引と対比されるのは，必ずしも不特定多数を相手とした市場取引ではなく，米国での自社内での生産と考えれば，日本の方式は米国と比べて，相対的にはより開放的な取引と言える。こうしたことが理解されるとともに，米国の自動車会社自体も，次第に日本の系列取引を活用するようになった。これは日米構造協議を通じて，相手国の異なるビジネス慣行についての相互理解が進展したひとつの成功例と言える。

他方，1973年に制定された「大規模小売店舗法」は，地域の零細小売店保護のために，一定規模以上の大型小売店の出店や営業時間等について，地元企業との事前協議を義務付け，反対があれば出店が容認されないという，事実上の参入規制を課すものであった。これにより，米国の玩具の大型小売店の日本への出店が妨げられたことを契機に，日本では百貨店やスーパーマーケット等，米国製品を含む多様な商品を陳列できる大規模小売店が少ないことが，米国製品が国内に浸透しないひとつの根拠として，その撤廃が求められた。この結果，2000年に，地元企業との事前協議を求めない「大規模小売店舗立地法」へと改正された。

これは日本政府が，米国政府の政治的圧力に屈した屈辱的な代表事例として取り上げられる。しかし，この法改正の結果，米国製品の輸入が大きく増えたという実績には乏しい。むしろ，既存の生産者保護を優先する日本の行政が，米国の圧力で大型小売店の新規参入が容易となり，競争を通じて日本の消費者利益を優先する方向に転換された代表例としての意味も有している。

しばしば，貿易摩擦では「米国の政治的圧力で日本の国益が損なわれる」という議論がなされるが，その際の「国益」とは，暗黙のうちに「日本の既存の生産者利益」を意味している場合が多い。他方，米国を含む内外の新規企業の国内市場への進出は，既存の企業との価格や品質面の競争を促進し，日本の消費者にとって多様な商品やサービスを提供する。日本と米国の企業が，互いに相手国内で子会社を設立し，雇用機会を生み出すとともに，消費者の多様なニーズに応えている現在，企業の国籍の違いには大きな意味はない。

本来は民間企業同士の貿易取引に，米国政府が関心を持つひとつの背景には，日本政府の産業政策についての不信感があった。これは通商産業省（現・経済産業省）の鉄鋼や自動車産業における民間企業の合併等を通じた国際競争力の強化策によって，競争相手の米国企業が不利になっているという考え方であった（Johnson 1982）。しかし，これについても，日本政府の自動車産業等についての産業政策を過大評価するものである。現実には，直接投資の自由化により米国の大規模メーカーが日本の中小自動車会社を吸収合併することを恐れて，事前に日本の企業同士での集約化を進めようとした，当時の通産省の産業政策は，下位メーカーの反発で見事に失敗した。しかし，それゆえに，2022 年でも 10 社もの日本の自動車メーカー間での厳しい市場競争が維持されていることで，寡占体制の米国メーカーと比較して，より消費者のニーズに応えた低コストの自動車産業が発展したといえる。このように，政府が介入したためではなく，逆に介入に失敗したことで，結果的に日本の自動車産業が発展した面もあることが，日本の産業政策の実態と考えることもできる（小宮 1975）。

 バブル経済の発生と崩壊

一般に株式や土地の価格は，それらの資産を保有することで長期的に得られる配当や賃貸料（インカム・ゲイン）の期待値に依存する。しかし，それに加えて，金融資産や土地資産の将来の値上がり益（キャピタル・ゲイン）への期待に基づく投機需要が増えると，それに比例して株価や地価が上昇する。その結果，資産価格がそれらを保有することで得られるインカム・ゲインの水準をはるかに超えて上昇し，これが一般的にバブル（泡）と呼ばれる現象となる。1987 年から 90 年にかけて，日本で大規模なバブルが発生し，株価（日経平均）は 89 年末に，また地価（市街地価格指数）は 91 年に，それぞれ，史上最高値をつけたが，その後，大幅に下落した。以降，この株価と地価の最高値の水準には，30 年後の今日でも到達していない（図表 3-2）。

このバブルの生成と崩壊の背景としては，以下のような国内と海外の要因が相乗的に働いたことがある。まず，1970 年代までの経済成長の制約要因としての経常収支の赤字が解消した後，80 年代には，すでに見たように，経常収支黒字の拡大が経済摩擦の大きな要因となった。このため，日本と同様な問題を抱えた西ドイツとともに，1985 年のプラザ合意による為替

図表３-２　資産価格の推移

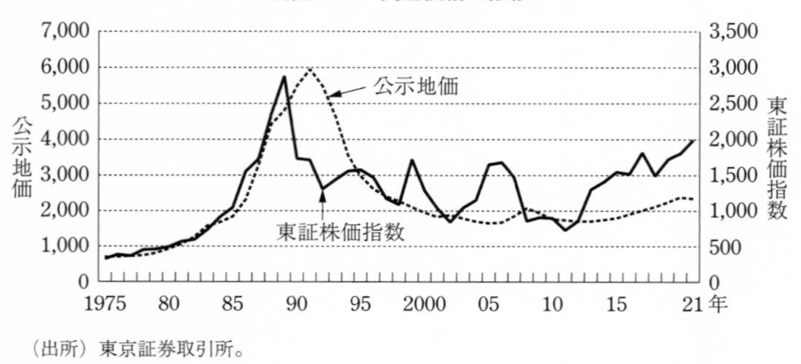

（出所）東京証券取引所。

調整が行われた。しかし，その結果，円レートの水準が調整前の倍近くにまで上昇したことで，1986年には一時的な不況に陥った（図表3-1参照）。この歴史的な円高に対処するために，公共事業の拡大や金利の引き下げなど，大幅な財政・金融面での刺激策がとられた。

一般に低金利政策で，利子率が経済成長率を長期的に下回る時にはバブルが必然化する（櫻川 2021）。1986～87年には政府による需要拡大政策の結果，経済の実態面の資金需要を上回る資金供給という「過剰流動性」の状況が生じた。これが株式や債券等の金融資産と土地や絵画などの実物資産へと向かい，地価や株価水準を押し上げることとなった。また，資産価格の上昇がさらなる価格上昇を期待した投機的需要を呼び，連鎖的な上昇が続いた。

こうした資産価格の著しい上昇に対して，バブルの懸念にもかかわらず，それが長らく放置されたひとつの要因としては，内外の政治的な圧力があった。まず国内市場では，1970年代までのように，景気が過熱すれば，輸入量が自動的に増えて外貨準備が枯渇するというような「市場の規律」を欠いていた。こうした下では，土地価格の持続的な上昇が大都市から地方都市への波及を望む政治的圧力が大きかったことから，予防的な金融引き締めが困難であった。現に，資産価格の上昇は，企業や家計の投資や消費を増やす資産効果を生み，1986～90年の経済成長率は平均5%と，先進国の中では，著しく高い水準に達した。他方で，大幅な円高や原油価格下落の影響で消費者物価の水準は安定していたことから，インフレ防止の名目での金融引き締めへの合意も得られ難かった。

これと同時期に，海外でも，1987年10月に米国株価の大幅な下落（ブラックマンデー）が生じた。このひとつの要因となったのが，経常収支赤字の大幅な拡大であったが，その不均衡を是正するために，米国では不況を加速させる金融引き締め策がとれない。そのため，経常収支の大幅な黒字国であった日本と西ドイツに対して，世界景気を牽引するべく，内需拡大への圧力（いわゆる国際的な経済を牽引する「機関車論」）が強まり，日本政府は資産価格の高騰に懸念を持ちつつも，金融緩和政策を維持せざるをえなかったこともあげられる。

結局，日本銀行は，1987年初めから2.5%の低水準の公定歩合を89年の半ばまで維持し，その後，4.5%まで引き上げたものの，株価は89年末のピークを過ぎてすでに下落に転じていた。それにもかかわらず，1990年に入ってからも公定歩合はさらに6%の高水準まで引き上げられ，その後，緩和に転じたのは91年夏であった。これは事後的に見れば，金融引き締めのタイミングの遅れから，景気が下降局面に入ってからも，さらなる金融引き締めという最悪のタイミングとなった。

財政政策の面でも，地価の高騰により，住宅の購入金額をサラリーマンの平均年収の5倍以下とするという政府の公約が維持できなくなったため，政府が銀行の不動産融資に上限を定める「総量規制」を導入した。しかし，こうした強力な介入が，すでに資産価格の行きすぎた上昇への懸念が強まっていた時期に発動されたことが，1991年からの大幅な地価下落のひとつの契機となった。こうした地価下落のプロセスは，将来の賃貸料収入に見合った価格にまで低下し，バブル部分が消失すれば，そこで止まるわけではない。バブル崩壊で地価が下落する過程では，賃貸料の水準も下がる場合が多く，それが賃貸料に見合った本来の地価（ファンダメンタル）も下げるという悪循環が生じる可能性もあり，両者を識別することは容易ではない。

一般に，財政や金融政策には「3つのラグ」があると言われる。これは，①インフレやデフレが発生してから，それを政府や日本銀行が認識するまでのラグ，②問題を認識してから政策を決定し，実施するまでのラグ，③政策が実施されてから，その効果が現れるまでのラグという3段階である。これらのうち，バブルの発生過程については，とくに政策の実施のラグが大きかったが，これはバブルの崩壊過程に入っても同様であった。公定歩合は1991年夏のピークの6%から，1年間で3.25%まで5回にわたって引き下げられたものの，後の米国の例と比べれば，この下げ幅と速度は，いずれも十分ではなかった。このように金融や財政政策は，とくにバブル崩壊の前後には，景気変動幅を縮小するどころか，むしろ拡大した可能性も大きい。このバブルの崩壊は，土地を担保に企業に融資していた銀行の大量の不良債権を生み，それが次の1990年代以降の長期経済停滞の主要な要因となったと言える。

3.5 企業内の労働移動を通じた産業調整

欧米の企業であれば，「事業の再編成（リストラクチャリング）」とは，衰退分野から資本を引き上げ，それで成長部門の企業を買収する一方で，衰退産業の労働者は解雇されて，成長部門に自ら移動することになる。これが企業別に組織された日本の労働市場では，企業や産業自体が衰退する場合には，遊休労働力を企業内に閉じ込めることになりやすい。しかし，過去の高い経済成長期の企業内労働市場は，この問題にも見事に対応してきた。すなわち，鉱山や繊維など，需要が傾向的に衰退する分野の大企業が，豊かな内部留保資金を活用して成長分野に次々と子会社を新設し，親企業の労働者を抱え込んだまま，異なる産業へと移動させる「失業なき労働移動」という離れ業を実現した。

こうした傾向は1980年代末まで持続し，とくにバブル期には，資産価格の大幅な値上がり益を用いて，本業と無関係な分野の企業の買収や新設により，社員のポスト確保に努めた大企業も少なくなかった。新しい産業分野への投資にはリスクが伴うものの，かりに事業に失敗したとしても，親会社の事業利益や不動産売却益と相殺できる節税効果もあった。

こうした経営多角化の代理指標として，製造業が研究開発投資をどの産業分野に重点的に行っているかを見ると，たとえば，1984年時点では，食料品産業の企業は，自らの分野に研究開発投資の67％を投じているが，同時に25％を医薬品分野にも向けていた。また，繊維産業では研究投資の41％と17％を化学と医薬品に，それぞれ振り向けていた。また，本業以外の部門では，化学，医薬品，通信等の分野の人気が高く，こうした成長分野へ子会社を通じた産業転換が進められていたことが示唆される（OECD 1989）。

この時期の成功体験があまりにも強烈であったことが，「固定的な雇用慣行でも産業間労働移動の妨げにはならない」という神話を生み，それを今日でも経営者と労働組合が共有する原因となっている。しかし，過去の高い経済成長期には，右肩上がりの地価により，広い工場用地を保有していた大企業には，莫大な含み資産が発生し，これを担保とした低金利での銀行借り入れも容易であった。また，企業の資産を時価で評価する時価会計も当時は普及しておらず，企業間の株式の持ち合いの下で，欧米企業であれば株主への配当に回るべき利益を，経営者は内部資金の蓄積に振り向け，もっぱら企業組織と雇用の維持に向けることができた。

しかし，こうした日本の企業の労使にとっての恵まれた環境は，1990年代初め以降の土地価格の暴落で終わりを告げた。企業保有の土地の含み益の多くが消失し，銀行は貸出額と比べた担保価値の大幅な減少から多額の不良債権を抱え込み，それ以上のリスクを恐れて新規の貸し出しは大きく縮小した。また，資本市場の国際化が進み，資本収益率の向上を求める外国人株主の増加から，企業間の株式の持ち合い比率も持続的に低下するとともに，それまでのように保有株式の値上がり益に期待できなくなった株主は配当率の引き上げを強く要求するようになった。

こうして企業が労働者を抱え込んだまま成長分野へシフトすることで，円滑な産業構造の転換が可能であった古き良き時代は終わった。これは，その前提としての企業組織の持続的な拡大や，地価の値上がりを前提に土地を担保とした潤沢な資金調達が容易にできなくなったためであった。その意味では，1990年代以降の日本は，他の先進国と同様に，労働市場を通じた労働移動が必要な「普通の国」となった。それにもかかわらず，過去の「失業なき産業間の労働移動」の成功体験は根強く，労使ともに長期雇用保障を前提とした産業転換はいぜん可能という認識が維持されていることもあり，労働市場の流動化は進んでいない。

第4章

バブルの崩壊と長期経済停滞の始まり

1990年代

バブル崩壊で建設工事が中断したマンション　1994年
時事通信フォト

1980年代，とくにその後半期は，日本経済にとって最後の輝きの時代であった。5％台という，先進国としては抜きん出て高い経済成長を支えていた大きな要因は，高水準の株価や地価等の資産価格であったが，それらが暴落した後の1990年代初めは，長期経済停滞の幕開けとなった。もっとも，1990年代の前半期は，ゼロ成長が3年間も続いたにもかかわらず，あとから振り返れば奇妙な楽観論に支配されていた。これは「山高ければ谷深し」という表現に示されるように，長い好況期のあとは，その反動として不況期が数年間続くのはむしろ当然と見なされていたためであった。現に，1994～96年には，財政拡大による需要の底支えの効果もあり，景気は順調に回復し，失業率も低い水準にとどまっていた。

この楽観的な景気回復の見通しを砕いたのが1997年のマイナス成長であった。これには東アジア通貨危機の発生で，厳しい緊縮策をとった国々に対する日本の輸出が大幅に落ち込み，輸出依存の製造業に打撃を与えたことが大きい。また，バブル崩壊に伴う金融機関の不良債権が顕在化し，主要銀行の倒産が相次いだことも，国内需要を冷え込ませた大きな要因となった。この結果，企業の膨れ上がった債務の返済（企業の貯蓄増加）と投資の抑制から，企業部門が投資超過から貯蓄超過に転じるという貯蓄・投資バランスの大きな変化が初めて生じた。また，過去の高い経済成長の時期には潜在化していた，戦後日本の経済システムのさまざまな矛盾が噴出したのが1990年代と言える。

バブル崩壊後の不況

1990年代初めのバブル崩壊により，92～94年の実質GDP成長率はほぼゼロとなり，株価や地価の暴落から金融機関には多くの不良債権が発生した。銀行から借り入れた資金で土地や株式を購入した企業は，その資産価値が急落する一方で，銀行への負債額は変わらないため債務超過に陥ってしまう。そうなれば企業は利益の中から負債を徐々に返済するしかないが，その間は新規の投資は抑制される場合が多い。また，資金の貸し手の銀行側からすれば，企業への貸し付け資産が回収不能な不良債権になっても，長年の取引関係にある企業の債務返済を繰り延べすることで，債務超過による倒産を防止しようとする。この結果，銀行の資本に対する負債比率が高まり，新規の貸し出し余力がそれだけ減少する。このように，資産価格の下落によって企業部門の負債が膨らみ，資金の借り手と貸し手の両面から投資が抑制されることが「バランスシート不況」の特徴である。

これはマクロ経済バランスで見ると，企業が，従来の投資資金の借り手から，投資を抑制し，過去の借金の返済という形での貯蓄を増やし，事実上の資金の出し手となることを意味する。この結果，1980年代までは家計部門から資金を調達し，投資に向けていた企業部門が，96年頃から貯蓄超過に転じ，資金余剰部門となるという異常な状況となった。これは2020年代に至るまで，長期にわたって持続している（図表4-1）。他方で，

図表 4-1　制度部門別貯蓄投資差（GDP 比）

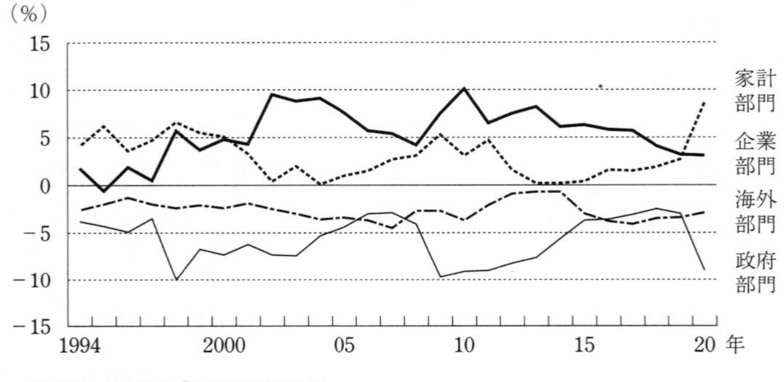

（出所）内閣府『国民経済計算』。

家計の貯蓄率は持続的に低下し，住宅投資を差し引いた資金余剰の幅は縮小している。これは人口の高齢化により，貯蓄を取り崩す高齢者家計の増加による影響もあるが，企業リストラの影響から家計所得の抑制が大きいとの見方もある（祝迫 2012）。この結果，財政赤字の大幅な拡大にもかかわらず，それを上回る企業部門の黒字から国内経済全体で資金余剰が生じ，それが海外への資金流出を通じて，経常収支黒字・資本収支赤字を拡大させる大きな要因となった。

他方，政府部門は，バブル崩壊による不況への対策として，持続的な金融緩和と財政支出拡大策をとった。とくにそれまで減少基調にあった公共事業費の増加は著しく，これを反映して建設業で働く労働者数も大幅に増加した。これは景気の底支えにはある程度まで貢献したものの，生産性の低い建設業部門に資本や労働力が移動するという形で，1990 年代の経済全体の配分の効率性（TFP）を抑制する効果もあった。

1990年代初めの労働市場では，あとから振り返れば，不思議な現象が生じていた。GDPが1992～94年の3年間にゼロ成長となったにもかかわらず，この間の常用雇用者の増加数は年平均80万人弱と好調で，平均失業率も2.5%にとどまっていた。これは景気対策の効果による面もあるが，当時の企業の意識として，不況が短期的なものであり，その後は1980年代の4%成長路線に戻れるという，経済の先行きについての楽観論を反映していた面も大きい。当時の日銀短観（「短期企業観測」）でも，日本企業の雇用不足判断指標は，ゼロ成長の始まった1992年でもなお不足感が強く，80年代末期に人手不足でとれなかった人員を確保するという，企業の強い採用意欲を反映していた。この「雇用需要のオーバーシューティング」が，その後の長期停滞期の過剰雇用をいっそう深刻なものとした大きな要因となった。

4.2 東アジア通貨危機の影響

1995～96年にはGDPは順調に回復し，90年代平均の4%成長に戻れると考えられていた矢先に，97年のマイナス成長は大きなショックとなった。これは消費税率の3%から5%への引き上げや厚生年金保険料の引き上げ等の財政ショックによるものという見方もある。しかし，日本経済の腰を折るのは，多くの場合，海外要因であり，1997年に発生した東アジアの通貨危機が，東アジア地域への日本の輸出を大幅に減少させたことが，設備投資を抑制させた主要な原因となったと見られる。

この通貨危機は，1997 年 7 月にタイを震源地とした短期資本の急速な流出から通貨が大幅に減価した現象で，インドネシアや韓国にも広がった。この結果，それらの国の金融機関が破綻し，融資元の日本の金融機関も被害を被った。これは為替レートをドルにリンクしていた東アジア諸国が，ドル建ての低い金利で海外から多額の債務を累積したことの結果であった。共通通貨のユーロを用いて，ドイツ並みの低金利で対外債務を累積させた 2000 年代のギリシャ等と類似した現象と言える。もっとも，東アジア諸国の場合には，ドルにリンクした東アジア諸国にとって過大な為替レートの下では，競争力が低下し，経常収支が赤字化するとともに，先行きに不安を覚えた海外資本の急速な流出により，外貨準備の不足に陥った。この結果，各国通貨の対ドル為替レートの大幅な切り下げで，短期間のうちに経済の立て直しが可能であったことが，共通通貨の呪縛で，そうした手段がとれない欧州の小国との大きな違いであった。

また，外貨不足の韓国等は IMF（国際通貨基金）から多額の融資を受けたが，この際，経済復興を目的とする，市場を活用するための改革と財政規律等の厳しい条件が付けられた。これは戦後の米国による日本占領とある程度まで共通した面もあり，国内政治の制約なしに大幅な構造改革が進んだ背景ともなった。この改革が，その後の韓国経済の発展のひとつの基礎となるとともに，この時の厳しい経験から，先進国のうちで韓国は財政均衡が維持されている数少ない国のひとつとなっている。

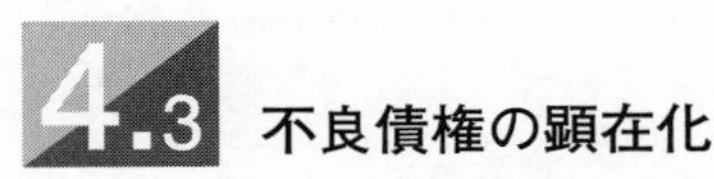

4.3 不良債権の顕在化

東アジア通貨危機は，日本にとって1973年の第一次石油危機以来のマイナス成長をもたらし，バブルの崩壊後も維持されてきた，日本の安定経済成長軌道への復帰への期待を打ち砕いたという点で重要な出来事であった。それまでの景気回復についての企業の楽観的な期待が大きく転換し，従来の不採算事業の見直しが始まるとともに過剰雇用が顕在化し，失業率は一挙に4%台に跳ね上がった。また，これまで先送りされてきた不良債権問題も顕在化し，長期信用銀行の国有化等，一連の大手銀行破綻の先駆けとなった。いずれも労働市場と資本市場の双方で，過去の高い経済成長の時代に形成されてきた長期取引慣行の見直しにも結び付いており，本来はバブル崩壊時に行うべきであった改革に，日本企業は6年遅れで直面することになったと言える。

戦後の日本の資本調達市場は，メインバンクに代表される銀行による融資が支配的であった。しかし，大企業が自己資金や社債・増資等の直接金融にシフトするとともに，銀行の融資先に規模の小さい企業の比重が高まってきた。また，銀行融資の金額を，土地を中心とした担保資産の範囲内とする伝統的な手法は，右肩上がりの地価の時代には堅実なものであった。しかし，バブル崩壊後の地価の大幅な下落は，こうした銀行融資の大前提を覆し，担保割れの融資物件を増やしたにもかかわらず，抜本的な見直しは行われなかった。バブルの崩壊と不良債権の発生は，他の先進国でも生じているが，その処理の期間が日本のように長引く例はめずらしいと言える。これは，銀行にとって，長年の取引関係にあった顧客への融資を打ち切ることへの抵抗感と，過去の高い経済成長時代の成功体験から，いずれ地価も回復し，不良債権が正常債権に戻るという淡い期待で，問題を先送りする傾向が一般的であったことにもよる。

また，銀行が不良債権が増えること自体を隠すために，返済不能となった融資先に利子返済分をさらに貸し付けることで，あたかも利払いが継続している正常債権のように装う「追い貸し」も横行していた。それが1997年のマイナス成長で，将来の地価の回復期待が失われることとなり，不良債権の償却を始める動きが部分的ではあったが始まった。

もっとも，不良債権処理には，金融政策と同様に３つのラグを伴い，しかも複数の政策当局の間の利害調整がからむことから，より長い期間を要した（村松・奥野 2002）。まず，第一に，不良債権の規模についての認識のラグである。これは1980年代までの高い経済成長の経験に基づく，景気の回復期待に依存しており，将来，資産価格が回復すれば，不良債権は普通の債権に戻るという見込みが大きかった。第二に，特定の銀行の抱える不良債権の規模が大きすぎれば，倒産のリスクが高まることから，公共財としての金融秩序を維持するためには，公的資金を用いた資本注入が必要となる。しかし，一般の企業が倒産する中で，なぜ銀行だけを救済するのかという，世論の素朴な疑問があった。最後に政府に救済されれば経営責任が問われる銀行の経営陣の反対もあり，政策実施のラグはいっそう大きなものとなった。結局，不良債権問題の抜本的な解決は，2000年代の小泉政権に持ち越されることになった。

雇用調整の大規模化

日本の大企業では，過去の高い成長期に慢性的な人手不足に対応するため，新卒社員を一括採用し，企業内で長い時間をかけて熟練労働者に育てていく仕組みを用いてきた。ここで定年までの長期間にわたって雇用を保障し，年齢や勤続年数を基準に賃金が決まる正規社員が中心的な業務を担っており，短期間の雇用契約の期間工やパートタイム等は補助的な役割にとどまっていた。とくに1980年代末期の5%成長期には，企業は正規社員を積極的に採用し，その方針は90年代初めのバブルが崩壊した直後にも維持された。しかし，1980年代までの高い経済成長が将来とも持続するという期待は，97年の東アジア通貨危機後の経済成長の屈折により打ち砕かれ，企業の雇用判断は大きく変化した。

過去の高い経済成長を前提として大量に採用した正規社員は過剰となり，1998年から2005年までの間，新規採用の抑制と定年退職者の非補充や希望退職等を通じた雇用抑制が続いた。他方で企業の先行きの不透明感を反映して，雇用調整が容易なパートタイム・派遣・契約社員等，期間の定めのある非正規社員は大幅な増加を示し，2021年には雇用者全体の37%を占めるに至った（図表4-2）。

この企業の行動変化に対して，長期的な視点から熟練労働者

図表４-２　正規社員・非正規社員・失業者の推移

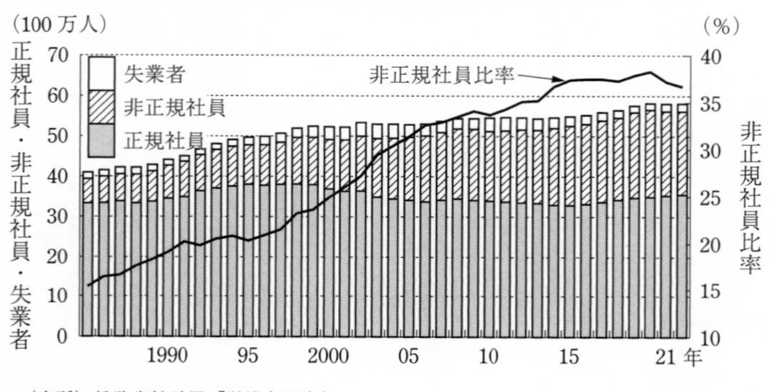

（出所）総務省統計局『労働力調査』。

を育成してきた従来の大企業の雇用政策が，欧米型の短期的な利益追求型経営へ転換したという批判がある。しかし，企業にとって固有の技能を持つ正規社員と既存の技能の非正規社員の最適な組み合わせ（雇用のポートフォリオ）は，金融資産選択と同様に，平均的な経済成長の水準に大きく依存する。

1980年代までの平均的に高い経済成長の時代では，企業にとって不況期にも雇用を保障することの負担はあるものの，熟練度の高い正規社員中心のハイリスク・ハイリターンの雇用戦略が合理的であった。しかし，1990年代以降の経済停滞期には，熟練社員を活用できる好況期が短くなる一方で，その過剰雇用を支える不況期が長くなる。そうなれば熟練度は低くとも雇用を保障する必要がないローリスク・ローリターンの非正規社員比率を引き上げることは，企業にとって合理的な行動となる。

日本の企業が長期雇用を保障することは，必ずしも温情主義に基づいたものではなく，過去の高成長の時代には利益を追求するための合理的な行動であった。そうした経済環境が変わったことで企業の雇用政策が変化したものと考えれば，戦後日本の大企業の行動を整合的に捉えることができる。この背景には，労働分配率，すなわち国民所得に占める雇用者報酬（事業主の社会保険料負担を含む賃金総額）の比率が，1990 年代に戦後の最高水準にまで高まり，企業の利益を圧迫したことがあった。日本の労働分配率は一般に不況期に高まる傾向があるが，これは大幅な賃上げによるものではなく，分母の国民所得が減少する下で，雇用や賃金が維持されることによる「過剰雇用のコスト」を反映している。

日本の労働分配率が 2000 年代に低下したことについて，「企業の利益が増えたのに労働者への配分比率が低下するのは許せない」といった批判があるが，これは過剰雇用の解消過程で生じたものであり，それ以前の企業利益の減少にもかかわらず労働分配率が上昇したことと一体的に考えることが必要である。また，現に 2020 年のコロナ危機時には，過剰雇用の増加から労働分配率は再び跳ね上がった。

日本の企業が過剰雇用を抱える期間が長期化することは，それだけ新規採用増加の時期を遅らせるという副作用もある。他方で，不況期に生産量が低下すれば労働組合との協定に基づき，それに比例した労働者の一時解雇（レイオフ）が容認されている米国では，景気が回復すれば，直ちに雇用を増やすことができることから景気変動を通じた労働分配率の変動幅は小さい（図表 4-3）。

図表 4-3　労働分配率の国際比較

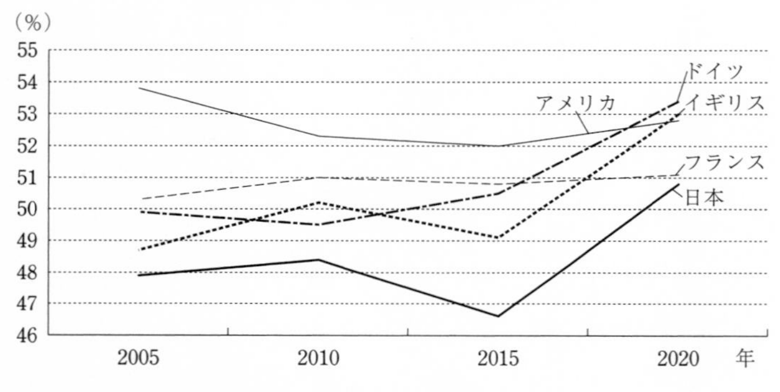

（出所）労働政策研究・研修機構『データブック国際労働比較』。

もっとも，かりに経済成長の減速の下で，個々の企業が経済合理的に行動していたとしても，高賃金の正規社員が減少し，低賃金の非正規社員が増加することは，平均的な家計所得を引き下げ，需要不足をさらに促進させることで，経済全体にとってはマイナスになるという見方もある。すでに図表 4-1 で見たような家計部門の貯蓄に比べて企業部門の貯蓄が増える逆転現象の背景には，この企業リストラが影響していると言える。

しかし，マクロ経済の安定化は，本来，個々の企業ではなく，政府の役割である。企業が不況期に過剰な雇用を削減することへの規制は，結果的に正規社員の雇用を保障するために，景気変動の緩衝弁となる非正規社員をより多く必要とすることになる。また，非正規社員の働き方への規制を強化すれば企業はやむをえず正規社員を増やさざるをえないという論理は，経済活動が右上がりで拡大していた，過去の高成長期の産物である。今後の長期的な低成長と少子・高齢化の進行の下では，規制で正規社員を守ることは困難であり，むしろ新規採用を抑制することで，若年失業者を増やす危険性も大きい。

第5章

小泉構造改革とその後退

2000〜09年

郵政民営化（ゆうちょ銀行本店入り口） 2007年10月1日

時事

2001年に成立した小泉純一郎政権は，1990年代の「失われた10年」の克服を本格的に実現することを目的とした。このために，戦後の経済社会環境の変化に対応しない郵政三事業をはじめとする政府企業や，旧来の制度・規制の改革を通じた生産性の向上を積極的に進めた。小泉政権の基本的なスタンスは，田中首相以来，自民党政権に引き継がれてきた「国土の均衡ある発展」政策に対して，市場を最大限に活用するとともに「世界に開かれた日本」への戦略と言える。これは日本の政治史の中で伝統的な国内開発主義に対して，貿易立国主義を重点としたものとも考えられる。

ここでの主要な政策の柱としては，① 1990年代に顕在化した金融機関による不良債権問題の先送りを防ぎ，その迅速な処理，②増税なき財政再建を目指し，公共事業費や社会保障費の増大の抑制，③道路公団や郵政三事業の民営化等の公共部門の改革，④規制改革を進めるための手段としての構造改革特区の設立，等があった。また，政治的には，与党内での支持基盤が弱いことを補うため，民間の専門家を含めた総理直属の経済財政諮問会議の活用で経済政策の透明化を図るとともに，直接，国民に対し，「痛みを伴う構造改革」を訴えることで，その支持を得るという新しい政策手段を用いたことが大きな特徴であった。

その反面，構造改革に反対する勢力の反発は大きく，「（市場を偏重した）新自由主義的政策による格差の拡大」という批判を受けた。小泉総理の退陣後の民主党政権等では，大規模な景気対策や労働市場を中心とした規制強化など，小泉改革と正反対の政策が進められた。

5.1 不良債権処理

小泉政権が登場した2001年の日本経済は，米国のIT関連のブームが去った後の世界不況の影響から再びマイナス成長に陥った。この結果，1990年代初めのバブル崩壊時に顕在化した金融機関の不良債権はいっそう累積し，それによって企業は新規投資よりも借金の返済に，また銀行は貸し出しを抑制する「バランスシート不況」が深刻化した。本来，銀行にとって，その保有する企業に対する貸付資産の価値が暴落し，将来とも回復する見通しが立たなければ，それは回収不能なコスト（埋没費用）として清算し，新しい貸し出し先を発掘することが本来の役割である。しかし，過去の不況期にも経験したことのない大規模な株価や地価の下落に直面した多くの銀行は，ひたすら資産価格の回復を待ちながら，不良債権の清算時期の先送りを選択した。その結果，借金の山を抱えて新たな展望のない企業（いわゆるゾンビ企業）が，利子分の追い貸しで生き延びるとともに，銀行も新規の貸し出しに消極的となることで，経済活動の停滞が続くことになる。

このため，小泉政権の最初の仕事は，健全な金融市場の機能を回復させるために，これまで先送りされてきた不良債権処理に，本格的に取り組むことであった。主要銀行の不良債権については，①速やかな破綻処理と損失の確定，②そのために不足する銀行の資本金を政府が補塡（資本注入）することによる金融市場の信用不安の解消，③金融庁による銀行保有資産の査定厳格化と経営責任の追及，等の３点セットである。

この政策には，現状維持を求める金融界からは大きな批判があったものの，経済財政担当大臣が金融行政を担当する大臣も兼ねるという小泉総理の強い意志により，着実に遂行された。この結果，主要銀行の不良債権は，追い貸しの打ち切り等で顕在化したことで一時的に増加した2002年をピークに急速に低下し，06年にはほぼ解消した。この政策の効果は，その対象外となった地方銀行等の不良債権がその後も徐々にしか減少せず，地域経済停滞のひとつの要因となったことと対比される（図表5-1）。

他方で，銀行が融資を打ち切った企業については，単に倒産させるのではなく，銀行の保有していた資産を別の事業体が買い取り，その事業の再生を担う仕組みも活用された。政府が出資して2003年から07年まで時限的に設立された産業再生機構は，債権者等の合意の下で，新しい経営者を派遣し，旧来のビジネスモデルを再構築することで，大企業や中小企業を含む企業再生に貢献した。こうした試みは，欧米諸国では民間主導で行われているが，そうした事業体を欠く日本では政府が自ら行わなければならなかった。かりに，こうした民間主体の「企業再生市場」が形成されれば，銀行等の不良債権の処理が，雇用を大きく損ねることなく円滑に進められるが，必ずしも十分に実現しているとは言えない。

図表 5-1　不良債権の推移

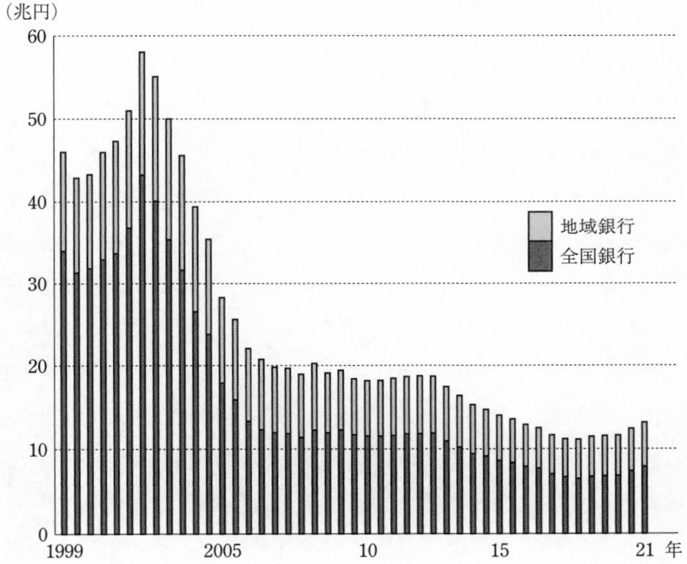

（出所）金融庁『不良債権処分損状況』。

増税なき財政再建

しばしば「一般行政費や公共事業費のムダを削減して社会保障の充実を」と言われるが，高齢化に伴い際限なく増加する社会保障費にメスを入れなければ，財政収支の均衡は絵に描いた餅となる。小泉政権の大きな課題としての財政再建の手法は，増税に依存するのではなく，「聖域なき歳出削減」であった。これは日本に限らず，かりに増税を先行させれば，個別利害と深く結び付いた歳出削減への意欲が損なわれるという政治的な力学に基づくものであった。

今後，必要とされる歳出削減の具体的な中身は，以下の通りである。第一に，歳出増の主要な要因である，高齢化に伴って膨張を続ける社会保障費を，国民が負担可能な範囲内にとどめる必要がある。このため，従来は別々の基準で算定していた年金・医療・介護等の費用の増分を，原則として，将来とも持続可能な経済成長の範囲内に抑制するという「総額管理」の論理を適用した。具体的には，高齢者の増加とともに自動的に増える社会保障費について，2002年から国の予算ベースで毎年1.1兆円の増加分（自然増）の抑制を行うことが定められた。しかし，この総額管理の方式は，具体的な支出抑制の中身を担当する厚生労働省に委ねたことから不十分な改革となってしまった。すなわち，母子世帯の生活保護費の加算見直しや雇用保険の国庫負担率引き下げ等，一度限りの措置にとどまり，年金の支給開始年齢の引き上げや高齢者医療の合理化等，社会保障制度の改革を通じた持続的な費用の削減には結び付かなかった。また，削減対象が政治力の弱い分野に偏り，後に「弱者の切り捨て」という批判を受けたひとつの原因となった。

第二に，景気対策で膨張した公共事業費の削減であり，ピーク時の1998年の14.9兆円から2011年の5.3兆円にまで大きく減少した。高度経済成長期の公共投資は，東海道新幹線や東名高速道路のように，拡大する民間経済活動に伴う混雑の緩和等で，さらなる民間投資を誘引したことから，需要と供給の両面での拡大に大きく貢献した。しかし，その後，地域間の経済格差是正等の名目や，民間投資の呼び水のための先行投資として，民間需要がほとんど期待されない工業団地や道路等が過疎地域に建設されるという，地域を単位とした所得再分配的な要素が強まった。これに対して小泉政権では，政治的な利権と結び付きやすく，社会保障移転のような個人に対するものと比べて非効率的な所得再分配である公共事業費に大きなメスを入れた。これは公共投資に大きく依存した地域経済に打撃を与え，地域間の格差拡大という批判を受けるひとつの要因となった。この小泉政権の思想は，後の民主党政権当初の思想である，結果的に実現はできなかったものの，「コンクリートから人へ（公共投資から教育費等への再配分）」と共通した面も大きい。

第三に，交通需要の少ない不採算の高速道路の建設を続ける道路公団の改革である。もともと，高速道路の新設は，所与の需要予測に基づいた料金収入と建設費とのバランスに基づく必要がある。しかし，1972 年に導入された「料金プール制」により，採算割れの路線の赤字を他の黒字路線で埋めるドンブリ勘定となったことが，およそ需要が期待できない道路の建設を促進するひとつの契機となった。これは旧国鉄が，大都市部の混雑する通勤路線から得られる収入を，その混雑を緩和する輸送力増強のための投資にではなく，利用者の少ない地方の赤字路線の穴埋めとして用いていたことと同じ仕組みであった。

こうした都市部と郡部との間での旧国鉄利用者間の所得再分配は，社会資本の効率性を損ねる点で弊害が大きい。この問題が，旧国鉄が地域別分割・民営化されて JR グループになったことで，ある程度まで改善されたように，道路公団も分割・民営化されることとなった。しかし，民営化の大きな目的のひとつは，地域ごとの料金収入をベースに不採算路線を新規には建設しないことであったが，道路のインフラ（下部）の管理と，その運営（上部）を行う組織を，上下に分離する方式により，こうしたメカニズムは働きにくくなった。また，すでに計画されていた高速道路の総延長枠は，政府の責任で実施されるべきという政治的な妥協で，不採算路線はつくらせないとする民営化の当初の目的は不十分なものとなった。

5.3 郵政三事業の民営化

郵便事業，郵便貯金，簡易生命保険等，郵政三事業の民営化は，小泉政権の政策の大きな柱のひとつであり，与党内部に大きな反対があったことから政治的な争点ともなった。この郵政三事業改革には，以下の２つの視点が混在していた。

第一は，民間金融機関等との対等な競争関係の回復という競争政策の視点である。このうち，社会インフラとしての郵便事業は，民間の宅配便等の発展で競争環境も整っている。この例外が郵便局による「信書」の独占であり，全国的な配達網（ユニバーサル・サービス）を確保することの必要性から，欧米諸国でも一定の範囲内で認められている。しかし，郵便物の重量等で信書の範囲を定める欧米諸国の外形基準と比べて日本郵便の内容基準は曖昧であり，民間企業との対等な競争を損なうなど，改善の余地は大きい。

他方，国営の金融機関である郵便貯金と簡易生命保険の最大の問題点は，その規模の大きさにある。郵便貯金の資産残高は主要な民間メガバンク３社の合計を，また簡易生命保険は主要な民間生命保険会社の資産合計を上回るほどの大きな規模に達している。こうした巨大な金融機関が，国の信用を背景に郵政公社という公的な機関の形で存続することには，民間金融機関と対等な競争関係にはなっていない。具体的には，①倒産リスクを持つ民間の金融機関に対して，国営であること自体が事業の信用面で大きな競争力を持ち続けていること，②郵便貯金や簡易保険で集めた資金は，もっぱら国債や財政投融資債等，政府の事業に向けられ，経済全体の資金配分の非効率性を生むこと，③公社として独立採算事業となっているものの税制上の優遇措置や預金保険料の免除，および財政投融資会計での上乗せ金利等の「隠れた補助金」を受け取っていたこと，④金融庁の監督下にないことから，民間金融機関では，経営の安定性維持の観点から禁止されている三事業間の内部補助（黒字の郵便貯金から赤字の郵政事業等）が行われているなど，さまざまな問題点が指摘されていた。

もっとも，かりにこうした巨大な公的金融機関の弊害を取り除くという視点からの改革に重点が置かれていれば，あえて民営化とするまでもなかったという見方もある。たとえば，郵政公社のままでも，郵便貯金や簡易保険の利用者１人当たりの受け入れ限度額を大幅に引き下げ，地域の零細預金の受け皿機関として延命させるという簡便な手法も，論理的には考えられた。

第二は，事業体としての効率性を高めるという事業再生の視点である。地域の郵便局では，「世襲公務員」としての特定郵便局長が，自宅の一階を郵政公社に賃貸して家賃収入を得るという，明治時代につくられた特異な仕組みが今日まで維持されている。このため，当地域の利用者が減少しても，政治力により郵便局の閉鎖や業務統合ができず，事業の効率化を損なってきた。この状況を放置しておけば，宅配便等，民間との競争から郵政公社の赤字が累積し，政府の補助金に依存する「第二の国鉄」となる恐れがあった。これを防ぐために，民営化で経営の自由度を回復し，郵政三事業のビジネスモデルの改革を進めることで，長期的な雇用を維持する必要があった。

第三に，JR のような地域分割ではなく，郵便，貯金，保険，郵便局舎のリース等の事業ごとに分割したことである。それらの事業間の独立採算制を徹底し，全体の事業を日本郵政（JP）の持ち株会社の傘下に置くという，機能別の別会社に転換するために大幅な法律改正を行った。これはむしろ同じ郵便局内での業務分担の効率化の妨げとなる面もある。

最後に，日本郵政については，その株式の一部を政府が保有し続けるものの，その他の会社の株式はすべて売却し，普通の民間会社にすることとされた。同時に，事業の効率化を図るために，簡易生命保険が所有していた保養施設の売却等も定められた。しかし，その後，2009 年の民主党への政権交代により，郵政三事業改革は中座し，その間，民間事業者との競争の強まり等で，郵便事業の採算も次第に悪化しているなど，本来の改革の目的に反した状況となった。さらに，2012 年には与野党の合意で郵政民営化法が改正された。これは，①当初の持ち株会社を含めた５分社体制から郵便事業と郵便局舎事業を統合し

コラム③ 郵政民営化法改正の意味するもの

2012年の郵政民営化法の改正は，その名称とは別に，事実上の再国営化への転換と言える。第一に，日本郵政（JP）の傘下にある，郵便，貯金，保険，郵便局舎管理等の事業のうち，郵便と郵便局舎管理業務を再統合したことである。これは，全国的な郵便局舎のネットワークを，民間の多様な金融機関にも開放し，いわば金融コンビニ化するという当初の構想から後退し，郵政グループだけのインフラとするものと言える。第二に，民営化のコア部分である，郵便貯金と簡易保険の株式完全売却の義務を廃止したことである。もともと政府企業の民営化とは，そのすべての株式を政府が市場で売却することというのがOECD等の国際基準であり，それに照らせば，事実上の国営企業のままで維持する危険性を持っている。第三に，郵便のユニバーサル・サービスの義務付けを，集配業務だけでなく，金融事業も加えたことである。これは，当初の郵便局の効率的な再配置という目的に逆行し，事実上，不採算の郵便局舎を維持することで，その持ち主である特定郵便局長の利権を守る効果がある。このように改正法の実態は，民間金融機関との対等な競争条件を損なうだけでなく，国の関与が強いままの組織では業務の抜本的な効率化は困難であり，郵政事業全体の赤字化のリスクを高めるものと言える。

た4分社体制への移行，②郵便貯金と簡易保険の株式完全売却の努力義務化，③郵便事業だけでなく金融事業についてもユニバーサル・サービスの義務づけ等となった（コラム③）。

5.4 官から民へ・国から地方へ

日本では，政府が，公務員を使って，民間企業と類似の業務を行っている例は少なくない。すでに鉄道事業等，収益事業の大部分は民営化されているが，必ずしも十分な収入を伴わず，独立採算が可能ではない事業でも，民間事業者を活用する余地は大きい。これは国や地方自治体が，事業の最終責任を持ちつつも，民間事業者に公共施設の整備や運営を委託するPFI（民間資金等活用事業）や，地方自治体の指定管理者制度であり，いずれも小泉政権時代に大きく発展した。その成功例としては，警官や刑務官の不足を補うため，駐車違反の摘発や刑務所管理の補助的な業務を民間事業者に委託し，公務員に準じた責任と義務を法律で担保する仕組みである（コラム④，⑤）。

官業への民間参入をさらに促進させるために「市場化テスト（競争の導入による公共サービスの改革に関する法律）」が，2006年に導入された。これは主として米国で行われている行政効率化のための手法で，政府の最終的な事業責任は維持しつつ，官と民の事業者を対等な立場で競争入札させる仕組みである。これは民間事業者との競争を通じて，独占事業である官業のコストを明らかにするとともに，サービスの質の向上を図る効果が期待される。もっとも，実際に導入された社会保険庁や職業紹介関連業務では，その一部の業務を民間事業者に開放し，残りの官の事業者との比較を行う間接的な仕組みにとどまっている。また，ここで最大の争点となったのは，国家公務員が直接窓口で

コラム④　公務員でなければできない業務とは

官民の事業者が対等の立場で競争する市場化テストの前提として，「公務員でなければできない仕事」の範囲を明確化する必要がある。しばしば，生命や身体の危険を伴うことや，守秘義務が求められる業務は公務員で行うことが必要と言われるが，民間の金融機関にも守秘義務は不可欠となる。むしろ民間人が行うよりも，公務員の方が仕事の生産性が高い分野として，たとえば，裁判官や警察官の業務の大部分について，公務員に対する信頼性の高さがある。

他方で，紙幣の印刷は財務省印刷局でなければできない理由として，民間事業者に任せれば偽札を作る可能性があるというのは誤りである。民間では会社の信用をかけて，現に1万円札よりも価値の高いクレジットカードを製造しており，また偽造紙幣防止の技術についても国の組織よりも優れている場合もある。また，公共職業紹介所（ハローワーク）での失業給付認定のように，国民の所得や財産に関する判断を伴う業務は民間に委ねられないという理屈も成り立たない。公務員であれば恣意的な判断をしてもよいわけはなく，公（おおやけ）の基準通りに民間人が認定し，それを公務員が事後的にチェックするという役割分担もありうる。市場化テストは，「初めに民間委託ありき」ではなく，公務員が行う業務を正当化するためにも，民間事業者との競争にさらすというプロセスを経ることに，その大きな意義がある。

サービスを提供するハローワーク（公共職業安定所）の本体業務について，その一部を民間事業者にも委ねることについての市

コラム⑤　駐車違反取締業務の民間開放

小泉政権で実現した公共部門の民間開放のうちで，もっとも目覚ましい成果をあげたものが，警察官の業務である駐車違反の取り締まりを民間事業者に委託することであった。ここで当局は，当初，駐車違反は刑事罰の対象であり，警官以外の者が取り締まることは困難としていた。これが2006年の道路交通法改正で，駐車違反とは，運転者の犯罪であるが，それに加えて自動車の所有者が道路に車両という粗大ゴミを放置することへの行政罰を設けた。これに基づく課徴金を自動車の所有者から徴収する作業であれば，民間事業者に委ねられることで，駐車違反の効率的な防止が可能となった。この結果，①違法駐車による交通渋滞の緩和，②貴重な警官の単純業務からの解放，③タクシーや駐車場ビジネスへの需要増，等の経済効果が得られた。

場化テストの導入であった。これは2008年に法案として提出されたものの，民主党の反対で審議未了で廃案となったままである。

国の権限を地方自治体に移す「地方分権化」も，小泉政権の基本的な政策のひとつであった。国から地方への補助金である国庫負担金の削減，それに伴う国税の財源移譲，および地方交付税改革を合わせた「三位一体の改革」は2004年から実施されたが，財源移譲の額が少ないなど，地方にとっても不満が多い内容となった。また，義務教育や生活保護等への国の補助金は，全国一律の基準を維持すべきという観点から，地方への権限委譲が進まず，補助率の引き下げだけにとどまった。たとえば，義務教育は全国一律の水準を確保しなければならないため，地方の自主性には委ねられないと言われる。しかし，それは一定の学力の目標水準を国が示せばよく，それを達成する手段は，地方の実情に応じた創意と工夫に委ねればよい。たとえば，教員の人件費にしか使えない国庫補助金を地方の一般財源にすれば，地域によっては小規模な分校を維持する代わりに，スクールバスを使って遠距離の本校に生徒を送ることもできる。従来の国の審議会で決めた内容を全国で一律に実施することと，地域間の制度間競争に委ね，その中で優れた仕組みが全国に広がることを促進するための情報提供の役割を国が担うことと，いずれがより優れた仕組みとなるかが問われている。

5.5 規制改革と構造改革特区

規制緩和・規制改革は，行政改革委員会の下に規制緩和小委員会が置かれた1994年から継続的に進められてきた。この委員会は，通常の審議会のように事務局が原案を作成するのではなく，民間委員が主体で内容を策定し，事務局にも民間からの出向者を含む，ユニークなものであった。その組織は3年ごとに置き換えられる時限的なものであったが，時の首相に対して，改革が必要な具体的な項目についての意見書を提出し，それをもとに規制緩和推進3カ年計画が閣議決定され，各省庁がそれを実行するという仕組みが長らく定着していた。また，合理性を欠く過去の規制の実情を示すために，個々の規制緩和への賛成論と反対論を対比させた「論点公開」を毎年公表し，関係省庁や業界団体等との公開討論会も行われた。

この一連の規制改革のための会議では，官が定めた地域の需要の見通しに基づき供給を制限するタクシー事業等の参入規制や，さまざまな価格規制など，多様な分野を対象として規制の撤廃や緩和が進められた。これについては「攻める民間委員対守る官僚」とのイメージがあるが，最終的に閣議決定に持ち込むためには，各省庁の合意が前提であり，強制はできない。他方で，古い規制の弊害は担当省庁でも十分に認識しており，自らの省庁の審議会だけでは困難な制度や規制の改革を，規制改革会議の場を利用して共同で実現するという暗黙の合意も存在していた。

公的部門でなくても，教育や医療・介護・保育などでは，サービスの提供主体が，地方自治体や社会福祉法人等の非営利法人に限定されており，企業や一般の非営利団体が実質的に排除されている「官製市場」が広がっている（八代 1998）。たとえば，医療機関や特別養護老人ホームは，それぞれ公立施設以外は，医療法人や社会福祉法人等の独占である。また，介護サービスや保育所等では，民間企業の参入が容認されていても，補助金や税制上の大きな格差が存在している。これは非営利事業を行うのは非営利法人が原則という論理によるものだが，多様な経営主体の参入を制限すること自体が市場競争を抑制し，既存事業者の利権に結び付きやすい。むしろ電力等の公益事業のように，株式会社等の経営主体の違いにかかわらず，共通の行為規制（たとえば，採算がとれない地域でも電力網を整備するという供給義務等）に置き換えることで，事業の非営利性を担保することが望ましい。

小泉構造改革の最も象徴的な政策が，2003年度からスタートした，地域を限定して既存の法律を改革する構造改革特区である。これは以下のようなさまざまな点で，それまでの官主導行政の常識を打ち破る内容であった。

第一に，個々の規制を改革した場合の効果についての「社会的実験」という視点である。従来の法制定の考え方は，中央官庁が審議会に専門家を集め，その時々の知見を用いて最適と考えられる制度を国全体に平等に適用するものであった。これは過去の先進国へのキャッチアップの時代には，模範となる外国の事例を探し，それを国内に適用することが安全なやり方であった。しかし，日本自体が先進国水準に達した後は，経済社会環境の変化に対応した新たな制度を試行錯誤で構築しなければならない。これまで維持してきた制度や規制を変えるとさまざまな弊害が生じる可能性があるという反対論に対しては，それなら特定の地域でまず実験をしてから，弊害がなければ，全国で導入すればよいというのが論理的な答えとなる。

第二に，国が特定の地域を指定し，そこに税制上の優遇や補助金を与えるという従来のモデル地区方式の地域振興策ではないことである。国は規制改革のメニューを提供するのみで，地方自治体が自らの責任で特区を自律的に設立するという仕組みである。これは地方自治体が地域の発展のために，国に財政支援を求めるのではなく，それぞれ，規制改革の知恵を絞るという地方分権型の特区である。また，特区の事業自体には影響はないものの，早ければ特区成立から１年後には，特区評価委員会による規制改革の弊害の有無についての検証を経て，特区をつくらなくとも活用できる規制改革として全国展開される。これは全国的な規制改革を促進させる手段としての特区という位置づけから生じている。

第三に，民間や地方自治体からの制度改革の提案を，内閣の構造改革特区室が受け取り，その実現に向けて各所管省庁と交渉するというプロセスである。これは，従来の業界団体等を通じて担当省庁に「陳情」することと対比される。各省庁には，内閣特区室との交渉を通じて，個々の規制の必要性についての立証責任が求められる。このため，各省庁が規制改革の要望を受けることを契機として，あえて特区をつくるまでもなく，自発的に全国ベースでの改正や撤廃した規制の例も少なくなかった。

この構造改革特区は，小泉政権以降は，制度自体は維持されているものの十分に活用されず，民主党政権で新たに誕生した総合特区や復興特区に事実上，代替された。これらは特定地域の振興を目的として，規制改革と補助金や税制上の特例措置を組み合わせたものであり，同じ特区という名称でも，全国的な規制改革を目的とした構造改革特区とは異なる考え方に基づいている（八代 2012）。こうした反省に基づき，第二次安倍政権では，国と自治体が共同で設立する国家戦略特区が設けられた（第７章参照）。

日本経済のオープン化

1970年代からの日米経済摩擦の大きな焦点のひとつが，国内市場の閉鎖性の是正であった。これは，農業における関税や輸入制限のような直接的な国内産業保護の手段ではなく，外国企業が日本国内で活動する場合に障害となるさまざまな要因を取り除くことで，経済の活性化と雇用の拡大を目指す政策である。その象徴的なものが，日本企業の対外直接投資と比べてはるかに少ない対内直接投資の均衡を回復するための計画であった。これは2003年の小泉総理の施政方針演説に盛り込まれたもので，5年以内に日本への直接投資残高の倍増を目標とするとともに，それに必要な政策をパッケージとしたものであった。すでに1980年代には，米国のいくつもの州政府が日本企業誘致のための活動を積極的に行っていたが，これに近いことを国の戦略として位置づけたものである。

ここで取り上げられた主要な制度改革の論点としては，①直接投資の主要な手段としての企業買収を困難にしている企業法制，②新規参入企業が熟練社員を中途採用することを制約している労働市場の制度・慣行，③外国人社員の家族の生活インフラとして不可欠な外国人学校や英語対応の医療機関の不足等がある。企業買収への制約は，必ずしも外国企業にとってだけの参入障壁だけではなく，日本の新規参入企業にとっても同様である。また企業間の流動性に欠ける労働市場は，会社員にとっての転職の自由を抑制する要因となっている。また，学校法人以外の経営形態の外国人学校には，その質にかかわらず税制上の優遇措置を欠くことは，国際的なビジネスを行うための競争力を欠くことにもなる。

また，首都である東京の国際空港の成田が24時間対応でないことや，羽田空港が長らく，ほぼ国内線に限定されていたことも，その国際競争力を欠くひとつの要因であった。このため24時間利用可能な羽田空港の国際化等を進める「オープン・スカイ」も小泉・安倍政権で進められ，これを引き継いだ民主党政権時に実現した。この結果，羽田を深夜に発ち，欧米に早朝に到着する長距離の航空便が大幅に増加したことは，東京が国際都市として発展するためのひとつの進歩と言える。

5.7 経済財政諮問会議の役割

小泉政権が構造改革を進める際に活用した政策決定の手段のひとつが，中央省庁再編成等の行政改革の一環として設置された経済財政諮問会議である。法律の制定は，本来，国会の役割であるが，日本では米国のような議員立法はわずかで，各省庁が自ら実施する行政の根拠となる法案を作成し国会に提出するのが一般的である。国会議員の役割は，官僚の策定する法律に対し，特定の業界や地元の利益を反映した影響力を行使するにすぎないという「官僚制民主主義」が維持されてきた。これらの各省庁の政策調整は，予算配分の権限を握る財務省の役割であったが，1990年代以降の低成長による税収の伸び悩みや，産業全体に占める農業の比率の低下等，経済社会環境の変化の下での各省庁の役割の変化にもかかわらず，それらの枠を超えた予算の再配分は困難となり，従来の政策の維持にとどまった。

こうした現状の改革のため，予算の配分に関する優先順位を，財務省ではなく，総理の直属機関である内閣で定めることで，「官邸主導の政治」を確立するという構想から生まれたものが経済財政諮問会議であった。これは総理，内閣官房長官のほかに，経済関係の主要閣僚（経済財政，財務，総務，経済産業）と日銀総裁，および4人の民間の専門家により構成される総理の諮問機関である。また，審議事項に関連したそれ以外の閣僚も臨時議員として参加する。この会議は法律に基づき設置されたもので，閣議決定に基づく類似の会議よりも重要度は高いものの，形式上は総理への助言機関にすぎず，何ら政策上の決定権を持つものではない。しかし，小泉・安倍・福田内閣では，総理に任命された経済の専門家である民間人の経済財政政策大臣が，実質的な議長として審議内容を司る仕組みであった。具体的には，民間議員が提出したペーパーに基づき，各大臣が提出した賛成・反対の資料も含めた個別の議論が重ねられ，その議事録は4日以内に公表される。そして議論の節目には，総理が明確な方向性を示すことで，事実上の政策決定に近いものとなる。政府としての正式の決定は後の閣議に委ねられるが，すでに総理と主要閣僚が合意した内容が覆されることはない。この政策の決定方式では，具体的な賛成・反対の多くの議論が資料と議事録により公開され，総理の決断に至るプロセスが明確になるという，政策決定の透明性が確保されることが，最も重要な点である。

経済財政諮問会議は小泉以降の自民党内閣で重要な経済政策策定時に活用されたが，政権交代後の民主党内閣では，正式の廃止手続きをとらずに，単に棚上げされた状態となっていた。その後，政権が自民党に戻った第二次安倍内閣で復活したものの，以前のような大きな役割は果たしていない（八代 2020）。

5.8 構造改革と所得格差の拡大

小泉構造改革の「負の遺産」として，日本の所得格差が拡大したという認識が広まっている。これはすでに見た社会保障費や公共事業費の抑制だけでなく，規制改革による市場競争の強化で弱者が不利な立場に置かれたためという考え方に基づいている。しかし，一般に参入規制を緩和・撤廃すれば，所得格差がなぜ広がると考えられるのだろうか。むしろ，市場の競争を通じて，従来，規制に守られていた事業主や労働者の（市場の需給均衡を上回る）所得水準は低下するが，新規に参入できる人々（失業者を含む）の所得は上昇し，国全体での所得格差はむしろ縮小するはずである。市場競争に委ねると大企業が中小企業を淘汰するとも言われるが，規制で保護されている産業にも大企業がある一方で，新規参入者にも中小企業が含まれるなど，一概には言えない。

たとえば，小泉政権による規制緩和で，一定の地域人口当たりの酒の小売店数を宣言する規制が2003年に廃止された。このため従来からの酒屋のうちには経営上の困難に陥った場合もあったが，他方でコンビニやスーパーなど多様な形態の小売店間での酒類の公平な販売が可能となり，消費者の選択余地が大きく広がった。また，タクシー台数が増えすぎると過当競争になるという懸念から，官が特定地域のタクシー需要を予測した範囲内にタクシー台数を制限していた需給調整規制も 2002 年に廃止された。この結果，利用者の利便性が向上するとともに，全国で約 1 万人のタクシー運転手が新たに雇用された。さらに，弁護士や裁判官になるための資格試験としての司法試験の合格者数は，それまでは年間 1000 人程度に制限されていたものが，2002 年には利用者の視点から 2010 年までに 3000 人に増やす政府目標も定められた。こうした多様な参入規制の緩和・撤廃の効果は，国内市場における貿易自由化と同じで，新たな生産活動と雇用を生む効果がある。

これに対してタクシー台数が増えすぎると事故が増える，法曹人口が多すぎるとその質が低下するとの批判から，その後，再規制の動きが広がった。しかし，交通事故の防止は危険な運転の取り締まり強化が先決であり，新規参入規制で既存の事業者を保護することの効果は定かではない。また弁護士の質の確保には，ペーパーテストではなく，他の職種と同様に，多様な競争を通じて市場での評価に委ねることが望ましい。

規制緩和で非正規社員が増えれば，労働者間の賃金格差が広がるという論理がある。しかし，この場合の賃金格差は，雇用者の中だけについて考えていることに注意が必要である。かりに賃金ゼロの失業者が，相対的に低賃金の非正規の仕事に就けば，それは労働市場では賃金格差の拡大となるものの，失業者も含めた労働力人口全体で見れば，逆に賃金格差は縮小する。

こうした観点から，失業者も含めたジニ係数を計算すると，非正規社員の増加等の影響から，2002年以降はむしろ低下している（内閣府 2009）。もともと，1999年に日本が批准したILO条約に基づく労働市場の規制改革は，派遣労働等の雇用機会の拡大を通じて失業者を減らすことを主たる目的としていた。とくに，派遣社員は，欧米の流動的な労働市場では，未熟練のパートタイムから熟練正規社員に至るキャリアパスの，ひとつの懸け橋となる意味も持っている。これは派遣社員を好ましくない働き方として規制する日本の派遣法と正反対と言える。

第6章

民主党政権と東日本大震災

2009〜12年

東日本大震災・がれきが残る気仙沼港周辺　2011年8月10日
時事

約5年半続いた小泉長期政権の後，安倍・福田・麻生内閣と，1年ごとに首相が3人も代わった不安定な政権が続いた。このため自民党からの「政権交代」を訴えて，2009年9月に民主党の鳩山政権が誕生したが，この民主党政権の中枢は，もともと自民党の出身であり，その政治スタンスには大きな違いはなかった。そのうちでも，自民党政権が進めてきた道路やダム建設といった公共投資の改革で，社会保障・教育分野の対人サービスを重視するという，「コンクリートから人へ」の転換を唱えた。しかし，マニフェストで唱えた子ども手当や最低保障年金という社会保障の拡充については，結果的にほとんど実現できなかった。また，政権交代直前のリーマン・ショックによるマイナス成長の影響を克服できず，日本経済は停滞したままで，財政赤字は持続し，長期債務残高も増え続けた。さらに2011年3月の東日本大震災と原発事故への対応で大きな批判を受けた。結果的に3年間強の期間で，鳩山，菅，野田等の3人の総理が交代するなど，安定政権を実現できなかった。

6.1 成長戦略を欠いた経済政策

民主党のマニフェストでは，子ども手当創設，高校授業料無償化，高速道路無料化，ガソリン税の暫定税率廃止等の家計負担の軽減で個人消費を増やす，需要の拡大策が中心となっていた。その半面，産業や企業の生産性を高める供給面の政策はほとんど盛り込まれていなかった。

このうち，高速道路の無料化は，一見すると利用者の利益になるように見えるが，その結果，需要が増えることで道路が渋滞すれば，利用者には混雑という価格とは別の形での負担が課されることになる。ここで，本来，必要な政策は，道路の混雑度に応じて価格を調整する「混雑料金」の仕組みである。その結果，高い料金を支払っても高速道路を使う必要性の高い利用者が優先される半面，利用者が少ない時間帯には料金を引き下げることで利用者全体の利便性を高められる。この方式では，事後的にではあるが，料金が高速道路の社会的価値の指標でもあり，料金収入の多い路線の延長や拡張の必要性を示す基準ともなる。

また，日本経済のグローバル化に大きな役割を果たす，米国やカナダ，豪州等，環太平洋の主要国の経済連携協定について，2010年に当時の菅直人総理がTPP交渉への参加検討を表明した。これは成長戦略として重要な意味を持っていたが，党内の反対もあり，民主党政権中には，その参加決定は実現しなかった。この大きな制約となっていた農業関係者からの反対に対して，農家への「戸別所得補償制度」を導入しようとした。これは従来のコメの減反による価格維持政策が，消費者に大きな負担を課すだけでなく，国際的な競争力を削ぐものであったために，これを農家への直接所得補償型に移行することは，欧米諸国の農業保護政策の潮流に沿うものであった。しかし，この戸別所得補償制度は，農家の経営規模や生産性等の差を考慮せずに，農家の所得を補助金で下支えするというものであったため，農家の大規模化等を通じた，農業の競争力強化や農村の活性化にはつながらず，結果的に実現しなかった。

6.2 労働市場政策

民主党政権では，正規社員と非正規社員の雇用や賃金面での格差是正に大きな焦点が当てられた。第一に，30日以内の短期派遣を原則禁止した，2012年の労働者派遣法の改正である。派遣会社に雇用され，別の会社で働く派遣社員は，長期雇用を基本とした日本の労働市場では，短期間の労働力需給の調整手段として，パートタイム社員よりもスキルの高い労働力として評価されてきた。しかし，民主党の主要な支持基盤である企業別に組織された労働組合にとって，職種別労働市場の派遣社員は，雇用保障のない不安定な働き方として規制されるべきとの見方が強かった。このため，とくに30日以内の短期間の派遣は，より雇用が不安定なために禁止すべきという趣旨の改正が実施された。しかし，日本の労働者派遣法は，もともと正規社員の代替を防ぐため，長期派遣の規制に重点を置いていたことから，派遣の期間が長くても短くてもいけないという，法の論理としては矛盾した内容となっている。

第二に，5年以上，同じ企業に勤務する有期雇用の非正規社員を，原則として期間の定めのない無期雇用としなければならないとする2013年の労働契約法の改正である。これは本来，有期雇用者の安定化を図ることを目的としていたが，企業にとっては，そうした規制を避けるため，逆に有期雇用契約を5年以内に抑制するインセンティブが生じる。この結果，本来の法律の意図とは逆に，非正規社員の契約更新が妨げられるために，その雇用がいっそう不安定になるというリスクを含んでいる。また，無期雇用になっても賃金はもとのままでもよいために，年功賃金の正規社員との賃金格差が改善される保証はない。なお，この特例として，大学等や研究機関の研究者等は10年間とされていたが，その期限が2023年に迫っている。

第三に，定年退職後の高齢者を，一律に65歳まで再雇用する義務を企業に課す2012年の高年齢者雇用安定法の改正である。これは定年年齢の引き上げではなく，多くの場合，定年後の1年契約の有期雇用としての再雇用であり，その仕事能力にかかわらず会社内で責任ある業務にはつけられない。これは厚生年金の支給開始年齢の65歳への引き上げに対応したものであるが，企業が雇用できる労働者の枠を一定とすれば，それだけ若年者等の雇用機会を損ねる可能性が大きい。

いずれの労働法改正も，労働市場への規制強化により，「弱者」としての短期派遣社員，有期雇用者，定年退職後の高齢者等を保護することを目的としている。しかし，企業に対して特定の労働者の雇用を義務付けることには，その副作用も大きい。こうした労働市場の規制強化で労働者を守るという政策の妥当性は，日本経済の現状と先行きについての評価に依存している。かりに，日本経済の長期停滞は，マクロ経済政策等の失敗による一時的なものであり，適切な政策が行われれば過去の高い成長への回帰は可能であるという見方では，長期雇用保障と年功賃金の正規社員の働き方を基準とした雇用慣行を変える必要はない。この現行の雇用慣行を「正しい働き方」と見なす立場では，短期的な視点から，賃金の低い非正規社員への依存を高めようとする企業経営者の行動を制約するために，派遣労働等，非正規社員の不安定な働き方を法律で規制することが望ましいと考える。

他方で，1990年代以降の長期停滞は，経済活動の国際化や人口の高齢化等，不可逆的な要因に基づく面が大きいと考えれば，過去の高い経済成長を前提とした正規社員の働き方自体が長期的に維持可能ではなく，その改革が求められる。このため，正規社員以外の多様な働き方を社会的に認知するとともに，同一労働・同一賃金の原則から，年功賃金の是正等，正規と非正規との間の働き方の垣根を下げることを目指すのが正しい政策になる（第10章参照）。

 税と社会保障の一体改革

民主党政権では，社会保障改革にも取り組んだ。まず，年金財源の安定化のために，使途を年金だけに限定した目的消費税を財源とする全国民を対象とした最低保障年金の創設と，年金保険料と給付が連動する報酬比例年金の一元化等を目指した。これは年金保険料を給与から自動的に徴収される被用者以外の被保険者の保険料納付率が実質的に4割にすぎない国民年金について，誰も逃れられない消費税の一部を財源とすることで無年金者をなくすとともに，現行の複雑な年金制度の簡素化を目指したものであった（第11章参照）。また，年金制度は長期的な安定性が基本であり，政権が代わるごとに修正することは望ましくないため，当初から与野党を含めた超党派での議論が進め

られたが，最終的に実現には至らなかった。

もっとも，最後の野田政権では，当時は野党であった自民党と公明党と共同して，社会保障改革の実現のためには，その基本的な財源として消費税の増税が必要という三党合意を締結した。これに対しては，民主党の当初のマニフェストにはなかった消費税増税をあとから提起したという批判を浴び，その結果，民主党が政権を失ったことのひとつの要因ともなった。しかし，高齢化社会における社会保障制度の安定性を確保するためには，社会保険料だけに依存するのではなく，それの安定財源の必要性は明らかである。野田総理が政権を担う与党の責任として，国民に不人気な消費税の増税をあえて提示したことは，それ以降のポピュリズム政権と比較して大きな違いであったと言える。

6.4 東日本大震災と復興政策

2011年3月11日に東北地方太平洋沖地震による建物倒壊と大津波，およびこれに伴う東京電力の福島原子力発電所事故が重なった大規模な災害では，死者と行方不明者を合わせて2万2千人強（2021年時点）の人的被害と約22万戸の住宅が全壊・半壊となり，ピーク時の避難者は約40万人に達した。この大震災の特徴としては，①主たる被災地域が岩手・宮城・福島の広範囲に渡る，従来の想定を超えた大きな規模であったこと，②主たる被災の主因は，地震自体よりも津波によるもので沿岸部に被害が集中したこと，③原子力発電所が被災したことで，それによる放射能の被害が加わったこと，であった。

被災地復興の中心的な役割を果たすために，2012年2月に復興庁が設置され，復興費用を賄う主な財源として，復興公債と復興特別所得税（2.1%）が時限的に設けられた。約10年間の復興事業により2022年2月現在で，住宅や交通インフラや産業活動は，ほぼ回復したが，被災地の主要な産業である水産業には復興の遅れが見られる（復興庁 2022）。

大震災からの復興は日本経済の構造転換の契機ともなり，単に震災前の現状復旧だけでなく，それを超えた長期ビジョンの策定が必要となる。例えば1923年の関東大震災時には，東京の主要な街路の再構築が行われた。今回の被災地である東北地方の主要な産業は農林水産業であり，たとえば農地の大幅な集約を図り，生産性の高い農業への改革を目指す機会であったが，震災直後に設立された復興構想会議では，そうした改革案はほとんど盛り込まれなかった（竹中・船橋 2011）。もっとも，水産業については「民間企業との連携」が明記されていた。これは震災で失われた小型漁船の代わりに，共同で大型漁船を建造し，生産性の高い漁業への転換を目指すイメージであったが，結果的に実現には至らなかった。

東日本大震災では，他の地域での供給面の制約も生じ，とくに自動車産業を中心としたサプライチェーンの損害による供給能力の低下が発生した。また，原子力発電所の被害による電力供給の大幅な不足のため，震災発生直後に東京電力管区では，地区ごとに電力を順番に供給しない計画停電を実施した。こうした電力の供給不足は，夏季等の電力需要の逼迫時にも生じる場合が多いが，本来は，これを計画停電のような一律な配給制度ではなく，電力料金の一時的な引き上げで，需要を抑制するインバランス料金の導入等が検討されている。これは電力使用の緊急性の高い病院等を除き，価格メカニズムを活用することで，工場等での電力利用の必要度の違いに応じた対応を図るためのものである。

6.5 民主党政権の評価

本来の政権交代は，何らかの基本政策の大幅な変更を目的として行われるのが本来の姿である。しかし，当初から「政権交代」を，ほとんど唯一の旗印として登場した民主党政権が目指したものは，公共事業の削減等の「無駄の排除」によって，新しい政策の財源を作る構想であり，その主要な内容は，自民党の小泉政権との大きな違いはなかった。その意味では，政策の転換よりも「政権の担い手の変化」にとどまったと言える（小林・森川 2020）。

他方で，社会主義を掲げる社会民主党と郵政民営化に反対して自民党を離脱した国民新党との連立政権は，党内での思想の違いが著しかった。また，党内の意見の集約が困難で，首相が1年ごとで交代するなど安定した政権を維持できなかった。また，停滞する日本経済の改革を進めるため，米国の主導するTPP（環太平洋パートナーシップ）協定への参加を目指したが，党内の反対論を抑えきれず，民主党政権時では実現しなかった。

もっとも，東日本大震災の復興に際しては，その財源とするための時限的な復興特別所得税を設けた。こうした国債発行に頼るだけでなく，財政規律を尊重する基本的な政策スタンスは，後のコロナ危機時への対応で，財政の大盤振る舞いを続けた自民党政権と対比される。

第7章

アベノミクスと経済成長戦略

2012〜20年

定年後もオフィスで働く男性（東京都）
時事通信フォト

2012年12月に，2度目の総理大臣になった安倍晋三は，2020年9月まで7年8カ月の長期政権を維持した。この間に，金融・財政・成長戦略の「3本の矢」からなる，いわゆるアベノミクスによって，長期間にわたるデフレからの脱却を図ることを宣言したが，在任中の達成は実現できなかった。他方で，異次元と言われたほどの大規模な金融緩和政策により，円安と株価の上昇から資産所得は増えて景況感は改善したが，その効果は労働市場には及ばず，賃金水準は高まらなかった。これはもっぱら金融・財政のマクロ政策の拡大を続けた半面，政治的に反対の大きな構造改革を中心とした成長戦略には十分に踏み込めず，経済の生産性向上に結び付かなかったことが大きいと言える。

在任中に，民主党政権当時の三党合意に基づき，消費税率の10%への引き上げを実現したものの，食料品の軽減税率の導入等から，その財政改善への効果は限定的となった。また，消費税率の引き上げと一体的に行うはずであった社会保障制度改革も進まなかった。2020年初めからのコロナ危機では，一律の定額給付金等，さまざまな個人への財政支援策を講じたことで，財政赤字の大幅な拡大をもたらした。

7.1 金融政策の効果

マクロ政策のうち，金融政策から見ていこう。政府・中央銀行が，一定の範囲内（たとえば1～3%）の物価上昇（インフレ）率の目標を定め，その範囲内に収まるように金融政策を行う方

図表 7-1　消費者物価と現金給与の増減率

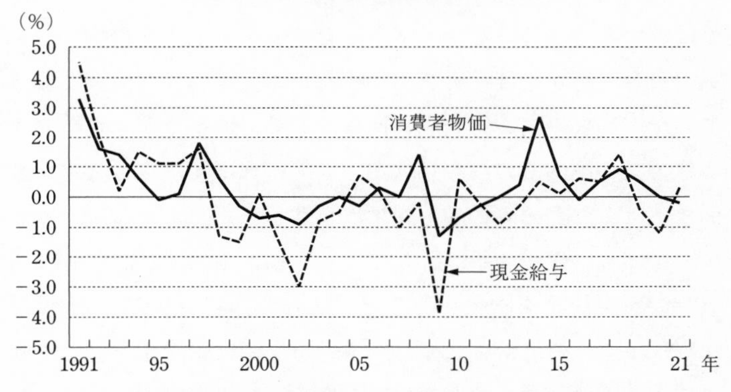

（出所）総務省統計局『消費者物価指数』，厚生労働省『毎月勤労統計調査』。

式は，多くの先進国で採用されてきた。ただし，他国のインフレ目標政策は，高すぎる物価上昇率を一定の範囲内に抑制することである。これに対して，1990 年代からの長期にわたるデフレの状況が続いてきた日本では，逆に物価上昇率の押し上げを目標とする点で大きな違いがある。

日本の消費者物価指数は，1995 年以降，消費税率の引き上げの影響で物価が上昇した 97 年，2009 年と 2014 年時を除けば，ほぼ一貫して前年並みかマイナスの水準を維持していた(図表 7-1)。これには多くの要因があるが，生産性の停滞から賃金の上昇率が低いこともそのひとつと言える。ここでアベノミクスでは，社会に流通している貨幣の総量が物価の水準を決定するという貨幣数量説に基づき，金融緩和で貨幣供給を増やすことで物価上昇率の 2% 目標を達成しようとした。

一般に金融政策は紐のようなもので，金融引き締めによる景気の抑制には効果的でも，その逆の金融緩和による景気拡大効果は弱いとされている。日本の場合にも，金融緩和政策は，企業の資金不足が設備投資を増やすための大きな制約要因となっていた，過去の高い経済成長期には有効であったが，現在のように企業の国内での投資意欲が乏しい状況下では，金利水準を引き下げることの直接的な効果は小さかった。

ここで金融緩和の手段としては，日銀が市場で民間保有の国債等の金融資産を購入することによって，通貨供給量（マネタリー・ベース）の供給を増やし，金融市場の需給緩和を通じた利子率の低下により，消費や投資が増える効果が期待される。しかし，短期金利がすでにゼロに近い水準にあれば，通貨量を増やしてもそれ以上は下がらず，伝統的な金融緩和政策は働かない「流動性の罠」の状況に陥る。このため民主党政権時では，ほぼゼロ金利の下での金融政策の拡大に対して日本銀行は消極的であった。

しかし，安倍新政権の強い意思に基づき，日銀総裁の交代人事も含め，「デフレ脱却と持続的な経済成長の実現のための政府・日本銀行の政策連携（2013年１月）」が策定された。ここでは，日本銀行が，政府の求める2%のインフレ目標を定めるとともに，デフレからの脱却は金融政策だけの責任ではなく，政府の財政政策や構造改革を通じた内需拡大政策との共同責任という，従来からの日本銀行のスタンスをも再確認した妥協の産物と言える。

それではどのような手段で物価が引き上げられるのか。これには以下のような手法が講じられた。①デフレが続く限り金融緩和政策が無期限に続けられるという市場関係者の期待の形成，②円通貨の供給量の増加が続くという予想から為替レートが下落し，それが輸出の増加を通じて内需の拡大効果，③市場の資金が潤沢になれば，1980年代後半期に生じたような株式や土地等への資産需要の高まりから，株価や地価が上昇し，資産所得の増加から消費や投資が刺激される資産効果等の可能性であった。

このインフレ目標を達成するために，日本銀行は金融市場で国債の大幅な購入を続け，大量の現金を市場に供給したものの，その効果は十分に上がらなかったことから，ついに2016年初めから欧州の一部の国でも実施されている「マイナス金利」の部分的な導入を行った。これは金融機関が日本銀行に預ける新規の預金の利子率をマイナス0.1%とすることで，預金を増やすよりも企業等への貸出意欲を高めることを意図したものである。これに連動して住宅ローン等の金利がさらに低下する半面，債券等の運用利回りも低下することから，株式等リスク資産へのシフトが生じることも期待されたが，結果的には十分に実現しなかった。

もっとも，通貨供給量の持続的な増加の結果，過剰な円の供給を通じた為替レートが下落し，円の対ドルレートは2012年の80円から17年の112円となった。本来，円安は価格競争力を高め，輸出量を促進させる効果があるが，最近では企業の海外生産の増大等からその効果は限られている。他方で，企業が海外市場で稼いだ利益を国内に移転すると，減価した円ベースでは大きくなり，見かけ上の企業利益を増やす効果は大きい。

コラム⑥　インフレとデフレの非対称性

物価の持続的な上昇（インフレ）と持続的な下落（デフレ）は，本来，どちらも望ましくないはずである。それにもかかわらず，なぜデフレ脱却のためにインフレ目標を設定する必要があるのか。これはインフレとデフレでは，それに対する市場の調整力に大きな違いがあることによる。

インフレの状況では，利子率はその分だけ直ちに上昇し，賃金や年金水準も前年のインフレ率を反映して設定されることから，実質ベースでの利子率や賃金は安定しやすい。これに対して，デフレの状況では，市場利子率はゼロ以下にすることは困難である。また製品価格の下落に見合った水準への名目賃金の引き下げには労働組合の抵抗は大きく，その結果，企業の実質賃金コストを引き上げる要因となる。年金水準も，本来はデフレ分だけ引き下げられる仕組みとなっているが，政治的にその発動が抑制されてきた。このように，デフレ持続の下では，実質ベースの利子率や賃金が高止まりする結果，経済活動にマイナスの影響を及ぼすことになる。また，デフレに伴い資産価格が下落すると，金融機関の貸出額に比べた担保価値の減少から不良債権が増加し，倒産など金融不安を引き起こすリスクも大きい。

これらの要因から，経済全体にとっては，デフレよりも緩やかなインフレの状態の方が望ましいと言える。もっとも，これは景気拡大に伴うインフレで，賃金も同時に高まることが暗黙の前提となっており，さもなければ実質賃金が目減りするだけで生活水準が低下することになる。

また，外国人投資家から見たドル・ベースの日本の株価は割安となり，外国人買いにより株価を大きく押し上げた。この株価上昇による金融所得の増加効果で景況感は改善したものの，それは生産活動の拡大を通じた賃金の上昇にはほとんど結び付かなかった。

7.2 財政政策の効果

財政面の刺激策としては，公共投資を中心とした10.2兆円（当初予算の1割強に相当）の大規模な2012年度補正予算を策定した。これは財政面から景気の下支えを図るものであるが，この結果，基礎的財政赤字（国債費を除く）のGDP比率は6.9%へとさらに悪化した。財政支出が拡大すれば，少なくともその分だけは内需を拡大する効果は生じるが，すでにGDPの2倍を超している政府債務の増加は，金融市場における国債の供給増から，その価格の低下（長期金利の上昇）をもたらし，国債費の増加から財政赤字を拡大させ，政府債務水準のさらなる上昇という悪循環を招く可能性がある。しかし，日本銀行が政府の発行する国債を金融市場で際限なく購入することで，長期金利の上昇は抑制された。その反面，長期金利が上昇しなければ政治的に財政赤字の拡大に歯止めはかからなくなり，長期的に日本国債への信認性が損なわれるリスクが生じる。このように，金融緩和政策は，それ自体の効果には限界はあったものの，財政赤字拡大による金利上昇・円高を抑制するという，財政政策を補完する機能が大きかった。

もっとも，この日本銀行による財政ファイナンスは，長期金利上昇という国債発行のコストを抑制することで，その後の放漫財政に至る契機ともなった。このため，政府は2020年に「（財政収支から国債費を除いた）基礎的財政赤字」の黒字化目標を再設定した。これは，増加する債務負担分を棚上げし，それ以外の財政収支についての収支均衡を目指すという，より緩やかな財政再建目標であった。しかし，これを達成するには，持続的に拡大する社会保障支出等の抑制は避けられず，結果的に実現できなかった。すでに見たように，日本の社会保障収支は，高齢化に比例して増える年金や医療・介護給付と，デフレ下で伸び悩む賃金に依存する社会保険料とのギャップが傾向的に拡大しており，その差額はもっぱら赤字国債の発行により賄われている。しかし，これを防ぐための財政赤字の抑制策については，まったく対応策はとられなかった。

 成長戦略の効果

金融・財政政策は，いずれも需要面からの経済成長促進策であったが，生産年齢人口の大幅な減少の下で，すでに失業率が2％台と完全雇用に近い状況の下では，その経済拡大効果は小さい。その意味では，第三の，生産性向上に働きかける成長戦略がどこまで実現するかが，アベノミクスを成功させるカギとなっていた。しかし，産業競争力会議等を活用し，供給面から制度・規制の改革を通じた産業の生産性向上を図るはずの成長戦略は，十分に発揮されなかった。その結果，アベノミクスの

期間の実質 GDP は，2013 年からコロナ危機直前の 19 年の 7 年間に，年平均では 1%以下の増加にとどまった。

デフレの持続には，金融面よりも実体経済により大きな要因があり，金融政策での対応には限界があると考えられる。この場合，デフレは長期停滞の原因ではなく，むしろその結果となる。実物面からの長期停滞の主要な要因としては，1990 年代初めのバブル崩壊を契機とした，企業の投資意欲の低下が大きいが，同時に名目賃金の下落もある（吉川 2013）。これは 1990 年代後半からの現象で，景気停滞に基づく労働分配率（雇用者報酬の国民所得に対する比率）の急上昇と密接な関係がある（第 4 章参照）。すなわち，不況期でも正規社員の雇用を保障する日本の仕組みでは，米国等とは異なり，分母の国民所得が下落しても分子の雇用者報酬は減り難いことから，結果的に賃上げなしに労働分配率は上昇する。これは企業経営を圧迫することになり，長期雇用慣行を守ることを最優先する企業内労働組合としては，ボーナスを主体とした賃金抑制を受け入れざるをえず，結果的にデフレを促進させやすい。

安倍政権では成長戦略実現のために，本来の経済財政諮問会議の代わりに産業競争力会議，成長戦略会議，働き方改革実現会議，未来投資会議等のさまざまな会議を，次々に設置した。それらの会議を通じて法制化されたもののうち，とくに期待されたものが，働き方の改革であった。

今後の日本で，長期的に減少する貴重な労働者の活用には，生産性の低い分野から高い分野へ円滑に移動できる雇用の流動化が必要となる。労働力の効率的な再配分を進めるためには，従来の日本の固定的な雇用慣行を暗黙のうちに保護している労働法制の見直しも避けて通れない課題となる。日本企業の長期雇用保障や年功賃金は法律で定められたものではなく，過去の高い経済成長期に，企業が熟練労働力を確保するために自然発生的に成立，普及した雇用慣行である。それが 1980 年代までの日本の経済状況に良く適合し，製造業の高い競争力を生み出し，欧米諸国が羨む円満な労使関係を築く基礎となった。この過去の成功体験が，1990 年代以降の大幅な成長減速や少子・高齢化が進むという経済環境の大きな変化にもかかわらず，それに対応した働き方の改革を阻んでいる主因となっている。

本来，労使合意に基づいて設立された日本の雇用慣行に，政府はなぜ介入しなければならないのか。それは労働者の利益を代表するはずの労働組合の組織率が，1980 年の 30.8％から 2021 年には 16.9％にまで持続的に低下していることにもよる。これは，主として非正規社員が持続的に増える中で，正規社員との間で，雇用保障や年功賃金に基づく大きな賃金格差があるために，その組織化が困難なことによる。また，女性の社会進出等の下で，多様な労働者のニーズを十分に反映し難い状況となっている面もある。たとえば残業時間の上限を定めた規制があるにもかかわらず，それを労働組合の合意さえあれば除外できる例外措置が，むしろ一般化されている。

現在，必要な働き方の改革とは，既存の労働法の規制を単に緩和することではなく，働き方の多様化を阻害しないよう，中立的な立場から労働者の公平性を確保するための規制の再構築である。このため，2016 年に設置された「働き方改革実現会議」では，これまで放置されてきた同一労働同一賃金の実現や長時間労働の抑制を目指した検討が行われた（第10章参照）。

国家戦略特区

安倍内閣での構造改革の大きな柱のひとつが2014年に設立された国家戦略特区である。これは地域を限定した規制や制度の改革を行う点では小泉内閣時代の構造改革特区と共通しているが，その仕組みをいっそう強化したものである。第一に，構造改革特区が地方自治体のイニシアティブに基づく申請で設置されたことに対して，より国の主導権が強まっていることである。これは日本にロンドンやニューヨークといった都市に匹敵する国際的なビジネス環境をつくり，世界中から，技術，人材，資金を集める都市をつくることを目指しているためである。第二に，特区諮問会議の創設であり，総理を議長とした5閣僚と5人の民間議員で構成され，特区に関わる規制改革事項や区域を決定するトップダウンの仕組みである。これは経済財政諮問会議と同じ仕組みであり，規制官庁との交渉力を格段に高めている。第三に，各々の特区ごとに，担当大臣，民間議員，関係する知事・市長，事業者で構成される区域会議を設置し，規制改革を活用した地域の事業の計画だけでなく，その実現に至るまでフォローアップを行う。これは各省庁の細部にわたる規制が新しいビジネスを発展させる際の障害とならないように，特区事業の円滑な実施を見守るための組織である。

国家戦略特区で実現した具体的な内容としては，「都心居住促進のための容積率等土地利用規制の見直し」,「外国人医師による医療や外国人材による家事支援」,「公立学校運営の民間への開放」,「民泊の推進」,「株式会社による農地取得」,「獣医学部の設置」等，これまで規制改革の長年の課題であった分野にも成果をあげている（図表 7-2）。また 2016 年には，国の内閣府と東京都との「東京特区推進共同事務局」も設置された。これは待機児童や高齢者介護等，大都市で深刻な社会問題に取り組むとともに，海外からの直接投資を招き入れ，国際金融都市としての東京圏を発展させることで，アベノミクスの成長戦略の一翼を担う母体となることが期待されている。

7.5 アベノミクスの評価

安倍総理の任期前の 2012 年と比べて，コロナ危機直前の 2019 年の名目 GDP は 12％増加したことが，アベノミクスの成果とされる。しかし，この間の円／ドルの減価率（37%）を考慮すれば，この間の世界経済における日本の規模（ドル・ベースの GDP）はむしろ低下していた。安倍政権の下での異次元の金融政策は，過大な円高水準の是正をもたらし，その結果，日本企業が外国で稼いだ利益を円ベースに転換した際に，企業利益の大幅な増加となった。また，円安を通じた株価水準の急速な回復を通じて資産所得の増加にも貢献した。さらに，この間の失業率の改善も，生産年齢人口の大幅な減少という，労働供給面の制約も大きかった。

しかし，アベノミクスの本来の使命は，３本目の矢である成長戦略にあった。その大きな柱である「働き方改革」は，同一労働同一賃金の実現による正規・非正規社員間の賃金等の格差の是正という野心的な目標を掲げたが，肝心の正規社員の働き方を改革するには至らず，不十分な結果にとどまった（第10章参照）。

また，急速な高齢化社会に対応するためには，過去の少ない高齢者を多くの生産年齢人口が支えるピラミッド型の人口構造を暗黙の前提とした社会保障制度の改革が必要とされる。そのためには，諸外国と比べても立ち遅れている年金や医療保険制度の改革が必要とされるが，安倍総理の任期中には，国民の反発を受けるような大きな社会保障制度改革は封印された（第11章参照）。

さらに，コロナ危機に直面した安倍政権末期には，感染防止のための経済活動の抑制と，そのための補償措置の一方で，コロナ重症者のための緊急医療措置が求められた。過去の経済危機と比べたときのコロナ危機の大きな特徴は，その対象となる産業や企業が対人サービス分野に集中することである。それにもかかわらず，まったくコロナ不況の影響を受けなかった人々も含む，全国民を対象とした特別定額給付金のようなポピュリズム政策が行われた。また，簡単な手続きで申請が可能な持続化給付金等の創設も，多くの不正受給者を生むなどの副作用が大きかった（第14章参照）。

アベノミクスは，マクロ政策による需要面の政策では一定の成果を収めたが，肝心の供給面の構造政策では，当初に意図されていた効果は実現されずに，後の菅政権等に先送りされた。

図表 7-2　国家戦略特区の区域計画認定状況

（活用事項数：66，認定事業数：408）

関西圏（大阪府，兵庫県，京都府）
医療等イノベーション拠点，チャレンジ人材支援
事項数 27　事業数 53
- 保険外併用療養に関する特例　●病床規制の緩和
- iPS 細胞からの試験用細胞製造の解禁
- 革新的な医療機器，医薬品の開発迅速化
- 可搬型 PET 装置による撮影　●地域限定保育士
- 農業分野及び家事支援分野での外国人受入
- 古民家ホテル　●特区民泊　●地下水採取
- 工場の新増設　他

養父市
中山間地農業の改革拠点
事項数 10　事業数 26
- 農地の権利移転の円滑化　●企業による農地取得
- 農業への信用保証制度の適用
- 自家用車による有償旅客運送　●遠隔服薬指導　他

新潟市
大規模農業の改革拠点
事項数 12　事業数 23
- 特例農業法人の設立　●農業レストラン
- 農業への信用保証制度の運用　●特区民泊
- 農業分野での外国人受入　他

仙北市
「農林・医療の交流」のための改革拠点
事項数 8　事業数 9
- 国有林野の活用促進
- 迅速な実験試験局免許手続き
- 「着地型旅行商品」の企画・提供促進　他

仙台市
「女性活躍・社会起業」のための改革拠点
事項数 19　事業数 21
- NPO 法人設立手続きの迅速化　●都市公園内保育所
- 一般社団等への信用保証制度の運用
- 革新的な医薬品の開発迅速化　●エンジェル税制　他

東京圏
（東京都，神奈川県，千葉県千葉市，成田市）
国際ビジネス，イノベーションの拠点
事項数 40　事業数 147

福岡市・北九州市
創業のための雇用改革拠点
事項数 25
事業数 69

- スタートアップビザ
- スタートアップ法人減税
- 雇用労働相談センター
- 航空法高さ制限の緩和・空港アクセスバス
- ユニット型指定介護
- シニア・ハローワーク
- 遠隔服薬指導
- 特区民泊 他

沖縄県
国際観光拠点
事項数 7
事業数 10

- 農業分野での外国人受入
- 農業レストラン
- 地域限定保育士 他

広島県・今治市
観光・教育・創業などの国際交流・ビッグデータ活用特区
事項数 12
事業数 19

- 「道の駅」民営化
- 獣医学部の新設
- 雇用労働相談センター
- 迅速な実験試験局免許手続き 他

- 都市計画法等に係る手続きのワンストップ化
- エリアマネジメント
- 工場の新増設
- 東京開業ワンストップセンター
- 東京テレワーク推進センター
- 近未来技術実証ワンストップセンター
- 外国医師の業務解禁
- 地域限定保育士
- 特区民泊
- 都市公園内保育所
- 医学部の新設
- 農家レストラン
- 家事支援分野での外国人受入
- 外国人美容師
- 高度人材ポイント制度に係る特別加算
- 障害者雇用に係る雇用率算定の特例 他

愛知県
「産業の担い手育成」のための教育・雇用・農業等の総合改革拠点
事項数 23
事業数 31

- 有料道路コンセッション
- 公設民営学校
- 自動走行実証ワンストップセンター
- 農業分野及び家事支援分野での外国人受入
- 遠隔服薬指導
- 保安林解除 他

※各区域の代表的な活用事項を掲載。

（出所）内閣府ホームページ。

これは，小泉純一郎政権を継承した2006年の第一次安倍政権が，財政の健全化や規制改革等の供給面の政策に重点を置いたことと対照的であった。

アベノミクスの評価は，安倍首相の急病により11カ月で終わった第一次政権時の政策と対比することで明確となる（大田 2010)。そこでは，第一に「歳出・歳入一体改革」が提起された。これは2011年までの5年間で，少子・高齢化で持続的に増加する社会保障費への歯止め策を含む歳出の抑制策と成長戦略によって税収を増やすことで，基礎的収支を黒字化することが盛り込まれた。第二に，労働市場改革についても，現行の正規・非正規間や性別・年齢による労働市場の壁を取り除くことを目指す「労働ビッグバン」の政策が提唱された。ここでは外国人労働についても，受け入れの拡大と同時に雇用主の責任強化等も提起された。第三に，成長力の底上げ戦略として，新型の職業訓練と技能評価を組み合わせた「ジョブカード」の導入，最低賃金の引き上げ等が盛り込まれた。最後に，日本経済のグローバル化として空港と航空の自由化（オープン・スカイ）があった。これらの政策のうちには，その後の政権で実現したものもあったが，第二次安倍政権でも取り残されているものが大部分となっている。

以上のように，第一次政権時には，供給面の改革に積極的であった安倍首相が，第二次政権時には，十分な時間があったにもかかわらず，マクロの需要拡大政策が主体で，供給面の改革には消極的であった。これがアベノミクスの評価にとってのマイナス要因と言える。

第2部
長期経済停滞と構造問題

第 8 章

経済成長の減速と日本的経済システム

バブル崩壊後，統廃合を進めた大手都市銀行の支店跡がパチンコ店に（東京・新宿副都心） 1995 年

朝日新聞社

1980年代までの日本経済は，高い経済成長の下での物価や失業率の安定，所得分布の平等性等，OECD諸国のうちでは，飛び抜けて高い成果を上げていた。こうした日本経済の成功の要因については，教育水準の高さ，日本的経営の下での労使協調，政府の優れた指導力等があげられる場合が多い。しかし，かりにそうであれば，同じ日本的システムの下で，1990年代以降，2020年まで名目GDPや賃金水準がほとんど増えていない，「失われた30年」の長期経済停滞の説明は困難である。1990年代初めを境に生じた，OECD諸国の中でトップからボトムへという経済パフォーマンスの急激な変化を，単にマクロ経済政策の失敗や，企業経営者や労働者の資質の低下に求めることには無理がある。

企業に限らず，過去に大きな成功を収めたシステムが，経済社会環境の変化に対応できずに衰退することはめずらしくない。日本経済の成功を支えていたシステム自体に何らかの変化が生じたのではなく，逆に，日本の経済活動の国際化，人口の少子・高齢化，通信・情報技術の高度化等の大きな環境変化にもかかわらず，過去の制度・慣行がそのまま維持された「政策の不作為」に大きな原因があるのではないだろうか。

1990年代初めに生じた経済成長の大幅な屈折の要因を考えるためには，70年代央に生じた平均10%成長から4%成長への大幅減速との共通性に注目することが必要となる。1990年の成長屈折の要因が資産バブルの崩壊で説明されるように，70年央の屈折も石油価格の高騰という大きなイベントに帰せられる場合が多い。しかし，同じ経験を経た他の先進国と比べても，日本経済の長期停滞は異常な長さとなっている。これが，戦後半世紀に及ぶ日本的システム自体に基づくものとすれば，その抜本的な改革なしに，現在の日本が直面している長期経済停滞を克服することはできない。とくに人口が長期的に減少に転じ，高齢化が進む日本経済では，労働生産性の向上を妨げている経済的・社会的要因を分析することで，それらを克服する成長戦略を構築する必要がある。

8.1 高度経済成長はなぜ屈折したか

戦後日本経済の成長パターンは，①終戦から1970年代央の高度成長期（平均実質GDP成長率10%），② 1980年代末までの安定成長期（同4%），③ 1990年代初めからの長期経済停滞期（同1%），等の3つの段階に分けることができる（図表8-1）。この間，1973年と91年にいずれも大幅な経済成長率の下方屈折を経験したが，これらの経験には，資本や労働の投入量の低下だけでなく，TFP（全要素生産性）上昇率の低下が大きいという共通の要因が見られる。これらについては，第一次石油危機の勃発やバブルの崩壊という，大きなショックによるものと解釈されている場合が多い。また，1970年代に先進国の技術水準に追い付いたことで技術革新の余地が狭まったことや，90年代初めに人口1人当たりGDPが米国の水準にキャッチアップしたことで，高い経済成長の時期が終わったという解釈もある。

しかし，このような日本経済の成熟化によって日本経済の成長が止まったという見方は，日本生産性本部と滝澤（2020）に

図表 8-1　日本の経済成長率の推移

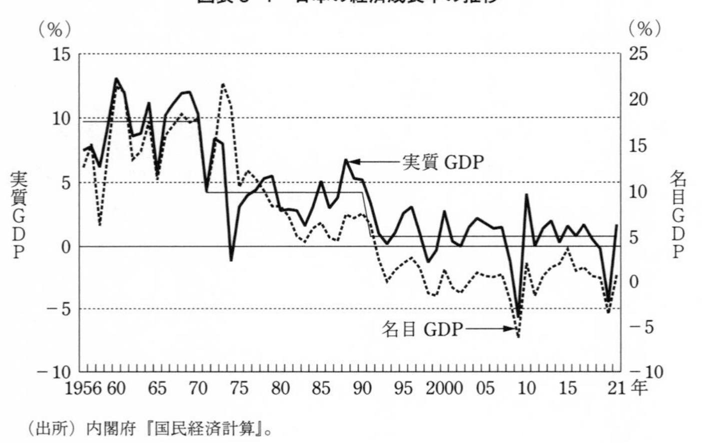

（出所）内閣府『国民経済計算』。

よれば，日本の製造業で見た労働生産性の水準が米国の7割，ドイツの8割程度であり，サービス業では各々5割と6割と，いぜんとして大きなギャップがあることと整合的ではない（図表 8-2）。

経済成長の主要な要因は民間の設備投資である。企業が投資を決断する要素としては，投資を行うことで得られる期待収益率が，そのための資金調達のコスト（金利水準）を上回ることがある。旺盛な投資意欲に支えられていた1970年代央以前には，投資の資金的な制約が経済成長を抑制する主たる要因であり，金融を緩和すれば直ちに投資が増えた時期もあった。しかし，資金制約が一段落したそれ以降の時期には，経済全体の生産性を反映した投資の期待成長率が大きな決定要因となっている。

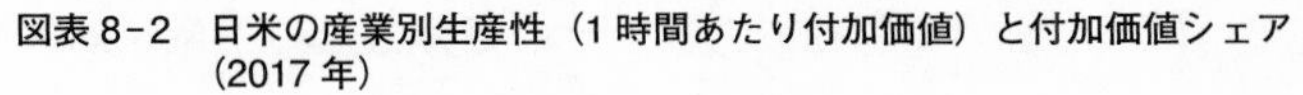

図表 8-2 日米の産業別生産性（1 時間あたり付加価値）と付加価値シェア（2017 年）

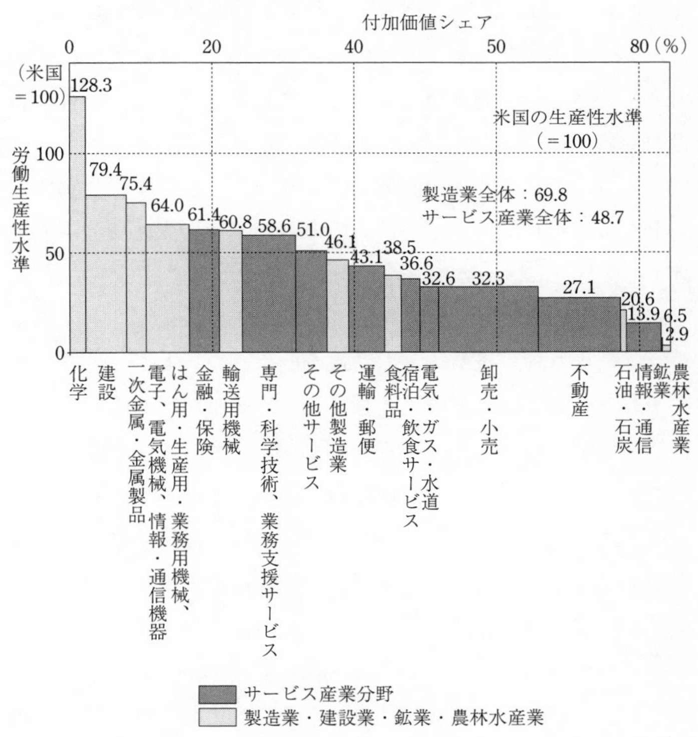

（出所）滝澤（2020）。

1973 年の第一次石油危機を契機に，それまでの平均 10%の高い経済成長率が 75〜90 年には 4%へとほぼ半減した。確かに，戦後の高い経済成長がいつまでも続くことはありえないものの，それがなぜ 1970 年央でなければならなかったのだろうか。これについては，多くの仮説がある（大来 2010）。

第一に，労働力の制約であり，その母体となる生産年齢人口（15〜64歳）の伸び率低下があげられる場合が多い（深尾 2012）。しかし，経済活動により直接的に影響するものは，人口に労働力率を乗じた労働力人口とその配分の効率性である。女性の労働力率は1975年頃から顕著に上昇しており，また，男女ともに大学進学率の水準も70年代から高まっているなど，質的な向上も考慮すれば，労働力供給面の制約だけが大幅な経済成長低下の主因とは言えない。

第二に，技術的な要因であり，欧米の生産技術水準との格差がほぼ是正され，技術輸入の余地が低下したことがあげられる。しかし，研究開発投資の動向を見ても，それに代わる国内での新技術の開発は，むしろ1970年代以降に活発に進められていることからも，これが主要な要因になったとは考えにくい。

第三に，エネルギー制約の強まりであり，原油価格の高騰は，安価な輸入原油に依存した重厚長大型製造業の発展に歯止めをかけた，等の説明もある。しかし，原油価格の高騰は，むしろ省エネルギーへの技術進歩や産業構造への転換を生む要因となったことからも，こうした相対価格の変化だけで生産性の向上が抑制されたという説明は十分ではない。

1970年代前半期の大きな国内要因の変化としては，「日本列島改造論」を掲げて72年に成立した田中角栄政権の影響が大きい（原田 1998）。田中政権では，大都市への一極集中を是正し，地方に産業を分散する全国総合開発計画を用いた「地域の均衡ある発展」を目指した。これがその後の自民党の歴代政権にも引き継がれており，最近でも若年人口の出生率が低い東京等大都市への流入が少子化の主因であり，地方の衰退を招くとする考え方がある（増田 2014)。

しかし，地域間の所得格差を縮小させる手段として，1970年代央までの労働者の自発的な地域間移動による労働生産性の均衡化を待つのではなく，工場等立地規制法のように大都市の経済活動への直接規制や，地方への財政移転を主体とした政府の直接介入を強めたことが，それまでの日本経済の好循環メカニズムを抑制することの大きな要因となった。

政府による直接介入の手段としては，第一に，食糧管理制度の下で生産者米価を大幅に引き上げることにより農家の所得水準を高める政策であった。これは，秋田県の八郎潟の干拓事業に代表されるような農業の大規模化等の構造改善を通じて生産性を高め，農家の所得向上を図るという，1961年に制定された農業構造基本法の精神に基づく地道な努力を無にしたものと言える。米価の人為的な引き上げにより多数の零細農家の経営が維持されたことや，農地の宅地や工場用地等への転用期待からその投機的需要が維持され，農地価格が高止まりしたことで，生産性の高い専業農家に農地が集約されず，その後の産業としての農業の発展を抑制する契機となった。また，米価の引き上げにより生じた過剰生産に対して，農家の生産性にかかわらず画一的な生産調整（減反）を行ったことも，大規模生産の利益を追求する専業農家にとっての大きな制約となった。この高米価政策は，食糧管理法（食管法）が廃止された後も，減反政策という実質的なカルテル行為への大幅な補助金の形で今日まで維持されている。

第二に，公共投資の配分基準として地域間の所得再分配の視点を重視したことであった。高度成長期の公共投資は，経済活動の活発な地域間を結ぶ東名高速道路等，交通の混雑度の高い地域を優先し，民間投資の補完的な役割を担っていた。これが田中政権以降には，民間投資の呼び水となる先行投資として，公共投資が経済発展の遅れた地域に重点的に向けられた。この結果，過疎地域に多くの工業用地等が整備されたものの，民間企業の集積は進まず，結果的に有効に活用されないままとなった。民間投資を誘引しない公共投資は，一時的な建設需要を喚起するのみで，事実上の地元の建設業への所得移転政策に終わった例は少なくない。

第三に，都市の過密防止対策として，工場等制限法が京浜と阪神の２つの大工業地帯についてのみ適用されたことであった。これは首都圏の京浜工業地帯についてはともかく，製造業に大きく依存していた阪神工業地帯の経済に大きな打撃を与えた。また，そうした規制のなかった中京工業地帯との競争条件が不利になるなど，企業の立地行動に大きなバイアスを与えた。さらに，大都市部が住みやすくなれば，いっそうの都市部への人口流入を促進するとして，都市の過密防止のための公共事業が暗黙の内に抑制されたことから，大都市の道路や鉄道の混雑状況の改善が遅れ，流通部門やサービス業の生産性向上を抑制する一因となった。

これらの政策の効果は，結果的に地域間の所得格差の縮小に一定の効果を持ったものの，それは同時に地方から労働生産性の高い三大都市圏への市場原則に基づく労働力移動を抑制した

図表 8-3 東京圏への人口流入と地域間所得格差

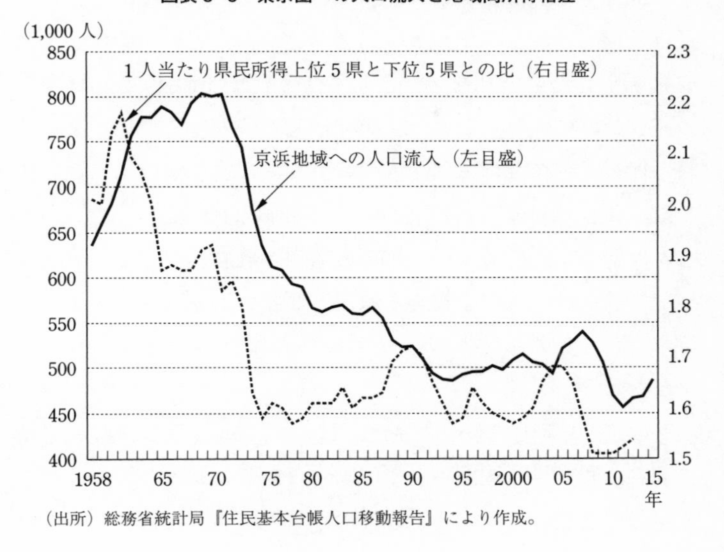

(出所) 総務省統計局『住民基本台帳人口移動報告』により作成。

(図表 8-3)。これは，第13章で示されるような東京一極集中是正のための規制と合わせて，資本や労働力の効率的な配分を損ねることで，日本経済の全要素生産性の上昇率を抑制し，経済成長の減速を招いたひとつの大きな要因となった。

 1990年代初めの成長屈折の要因

バブルの崩壊に端を発する経済成長の屈折は，1970年代の高度成長の終わりほど，明確な形では現れていない。また，1991～93年は，ゼロ成長にもかかわらず雇用需要は強かったことから失業率は低く，94年から96年までは，むしろ順調な

景気回復過程のように見えた。しかし，1997年の東アジアの通貨危機の影響で輸出が大幅に落ち込んだことによるマイナス成長が生じた。これを契機として，それまでの1980年代並みの高成長期に戻れるという企業の成長期待が下方に屈折し，それに伴って企業設備や雇用人員の潜在的な過剰が一挙に顕在化した。これは日本銀行の「短期企業観測（日銀短観）」で，いったんは解消に向かっていた企業の雇用過剰判断が大きく高まり，バブル崩壊時の水準を超える状況となったことにも示されている。これを解消するため，その後の正規社員の雇用調整が始まった。

この1990年代初めの成長屈折については，不良債権の累積による金融市場の機能不全や円高・長期デフレ，およびそれらを克服できない財政・金融政策の不足が主要な要因としてあげられる。しかし，不良債権の増加やデフレの深刻化は，経済停滞の原因だけでなくその結果という面もあり，その背後にある日本経済全体の生産性の低迷という構造問題について考える必要がある。しばしば，長期経済停滞は慢性的な需要不足によるもので，規制改革等で生産面の効率化を進めれば，いっそう需要と供給とのギャップが拡大するという見方もある。

他方で，現状では，潜在的に大きな需要があるにもかかわらず，それが新規事業者の参入規制等によって抑制されている分野が，とくにサービス産業で多い。そうした供給面の制約を緩和・撤廃することで，たとえば，通信分野での携帯電話や，トラック輸送での宅配便のように，それまでに存在していなかった巨大な新規需要を生み出すことができる。そうしたイノベーションの不足が，慢性的な需要不足と生産性の長期低迷の双方の要因となっていると言える。

供給面における制度的な変化としては，1997年の労働基準法の改正で，所定内労働時間を週44時間から40時間へと1割短縮を完全に実施したことで，労働供給が制約されたという見方がある（Hayashi and Prescott 2002，原田 1998）。しかし，日本の労働時間規制は，企業が組合との合意の下で，割増賃金さえ払えばいくらでも残業は可能であり，事実上の賃金規制にすぎない。その意味で基準法改正の効果は，それまでの所定内労働時間の一部を所定外労働時間（残業）に置き換えただけと言える。男性フルタイム労働の週当たり労働時間は，1986年の52.4時間から2011年の53.1時間（総務省統計局『社会生活基本調査』）と，ほとんど変化がなかった。もっとも，女性を中心とした短時間の雇用機会の増加から，パートタイムも含めた平均的な労働時間は同期間に47.9時間から42.8時間に減少した。かりに労働供給制約が成長低下の主因であれば，賃金や物価上昇が生じた可能性が高いが，現実には失業率の上昇とデフレが進行していたことから，平均的な労働時間の減少の経済活動への抑制効果は限られたものと見られる。

結局，1990年代初めからの成長減速も，70年代央と同様な労働力の資源配分の歪みから生じた全要素生産性の低下によるものと言える。資産バブルの効果から成長率が一時的に押し上げられた1980年代後半期を除けば，80年代初めから，経済全体の生産性の持続的な低下が見られる。日本経済の生産性低下について産業別に詳細な分析を行った深尾（2012）によれば，

ICT（情報通信技術）の生産分野では，米国等と同様な高い生産性の上昇が見られる一方で，それを活用する主要な分野である他の製造業や流通等の分野では生産性上昇が見られず，これが産業全体の生産性を低めている要因となっているとしている。同時に，情報化等に対応した労働者の技能や組織の改編という無形資産投資が米国と比べて少ないという分析結果もある。

これらの研究を踏まえた生産性低下の要因としては，第一に，産業のうち最も生産性の高い製造業が，経済発展の著しい東アジア諸国等へ積極的な海外移転を始めたために，残された生産性の低いサービス産業の比率が相対的に高まったという，産業の構成変化があげられる。日本では，情報通信技術関係の製品の生産面では優れているものの，それを活用するサービス分野での，新たな生産や雇用の創出が十分でなかったことが，米国との大きな違いであった。これは，長期雇用慣行等により，新しい技術に優れた人材や事業者が十分に活用されなかったという面もある。長年，日本企業の長所と言われていた，企業内で長期的に技能を形成する日本的雇用慣行が，日進月歩の情報化技術の時代には，逆に必要な人材の育成や外部人材の活用を効率的に行うことを妨げている面がある。これも過去に成功した雇用慣行が経済社会環境の変化に対応できず，それが産業全体の生産性の低下をもたらす一例と言える。

また，国内企業の海外への直接投資の大幅な増加を補う，外国企業の対内直接投資が長期的に停滞しており，直接投資の大幅な流出超過が生じていることも大きな要因である（図表 8-4）。

この背景には，OECD が作成した対内直接投資への制約度

図表 8-4 対外・対内直接投資の推移

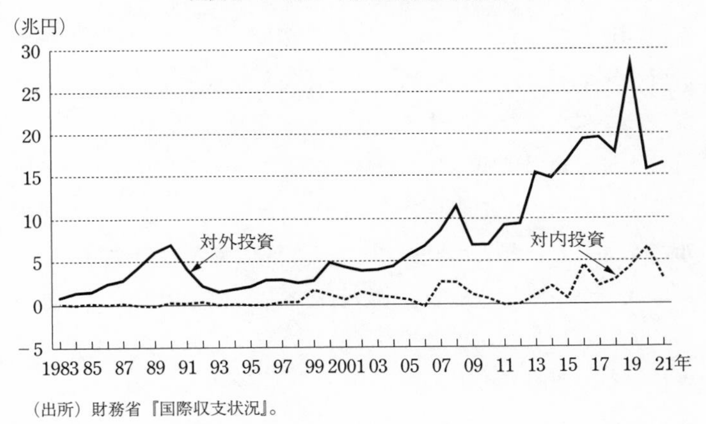

(出所) 財務省『国際収支状況』。

指数(2012年)では,日本は加盟国の中では最も厳しい国内制度となっており,外国企業にとって日本の市場に参入するための障壁が大きいことがうかがえる。これは長期的な取引関係を重視する日本企業のビジネスモデルや雇用慣行等が,外国企業を含む新規企業の参入を困難にしている面もある。

第二に,1990年代初めに,バブル崩壊による不況の対策として,大規模な公共投資の拡大策がとられたことである。この結果,産業全体で見た生産性の低い建設業等に労働力が移動したことで,産業全体の生産性上昇率を0.4%抑制したと言われる(宮川 2005)。これは1980年代後半期にも,建設・不動産部門に銀行貸し出しが集中し,雇用を増やしたことと共通している。

第三に,1980年代までの円滑な産業転換を支えていた企業内労働市場の機能低下である。すでに第3章で見たように,固定的な雇用慣行のままでも，大企業が土地の含み益を活用し資金を調達して子会社を新設し，企業グループ内で労働者を衰退分野から成長分野へと移動させる「失業なき労働移動」が重要な役割を果たした。このメカニズムが，地価の大幅な下落後には，土地の担保価値の低下からリスクマネーの調達が容易ではなくなったために機能しなくなった。他方で，企業の外部労働市場を通じた労働力の移動が，「企業が労働者を守り，その企業を政府が守る」ことを暗黙の前提とした旧来の規制等で妨げられていることも，産業間の労働力の配分効果が大きく低下したひとつの要因と言える。

最後に，地価の大幅な下落は金融機関の大量の不良債権を生み，金融市場での資金配分効果の低下をもたらした（星・カシャップ 2013）。これは，銀行の追い貸し等により新規投資を行わない再建不能企業の退出が進まない一方で，新規貸し出しが抑制されるという両面から生じている。これは過去の高い経済成長の下での短期的な不況期に，企業を資金面から支えたメインバンク制度が，逆に長期停滞期には企業の撤退を妨げる要因となっている面もある。

いずれも，内外の経済環境の大きな変化にもかかわらず，過去の制度・慣行がそのまま維持されたことで，必要な改革を先送りする企業や政府の「政策の不作為」が重要な要因と言える。これらの結果，1990年代以降のマクロ・バランスには，家計貯蓄が減少する一方で企業貯蓄の拡大という過去にない現象が生じており，財政赤字の拡大にもかかわらず，国内では貯蓄過剰が維持されたことから経常収支の黒字基調にも変化はなかった。企業が資金余剰を流動資産の蓄積ではなく，新規設備投資に向かうことを妨げている要因としては，過去に成功を収めた日本的経済システムの評価が大きなポイントである。

8.3 日本的経済システムの特徴

これらの経済社会環境の変化に，企業や政府が十分に対応できないことの主たる要因としては，戦後に発展し，1980年代に幅広く普及した，特定の取引相手との長期・継続的な関係を持つ日本的経済システムがある。これは，必ずしも文化的な要因だけではなく，生産活動が年々拡大する高い経済成長の下では，商品やサービスの質を担保するために，特定の取引相手との信頼性を軸とした仕組みでモニタリングコストを軽減することが必要なためである。これらは，①経営者優位のコーポレート・ガヴァナンス，②生産・流通系列，③メインバンク制，④日本的雇用慣行，⑤政府・企業関係，等であり，いずれも相互に補完的な長期的取引関係にある，堅固なシステムとされる(青木 1992)。以下それらを順に見ていこう。

第一に，株主に対する企業経営者の優位性である。欧米の企業経営の目標は資本収益率の向上であり，企業の所有者である株主への利益を配当で還元するのである。このため経営者に対して株主の利益を最大限に反映する経営を行うインセンティブを付けるために，その報酬をストック・オプション等で企業の利益に連動させる手法が用いられてきた。しかし，この場合，経営者が短期的な利益を求めるために株主に過大なリスクを負わせるという問題点も現れた。これに対して，日本企業では，短期的な利益よりも，企業の市場シェアの維持・拡大が優先され，経営者の報酬は相対的に少ないものの，経営上のリスクをとらず，退職後も会社経営に非常勤の形で関わり続ける面が大きい。これは日本の大企業の経営者の多くが自社の社員の内部昇進であり，企業の組織と雇用の安定性を重視することから生じている。日本の組織の拡大を優先する経営方式は，過去の高い経済成長期では，長期的な企業利益の追求と整合的なものであった。しかし，低成長期には，内部登用主体の経営陣では，過去の経営方針を否定しかねない組織の大幅な改革を進めることは困難である。効率的な企業経営へのインセンティブを与えるためには，企業買収を通じた経営者の交代可能性を高めることが必要である。かりに，経営者が企業の資産価値を十分に活用していなければ，その資産保有額と比べた株価水準が低く，これを外部の企業が低いコストで買収して経営を立て直せば，その結果，株価水準を高め，多くの利益を得る余地があるためである。

しかし，これに対する経営者の防衛策として，企業間の株式持ち合い等を通じた結び付きがある。これは個々の企業がお互いの安定株主となることで敵対的な企業による自社の買収を防ぎ，企業経営の安定化を目指すことである。また株式を持ち合っている企業同士が，お互いに株主総会での議決権に白紙委任状を交換することで，過半数の株式を持たない経営者が，株主総会で実質的な支配力を持つことが可能となる。また，株式の持ち合いは，戦国時代の領主間の「人質の交換」と同様に，企業同士が潜在的な信頼関係に反しない行動をすることへの担保としての意味を持っていた（鶴 1994）。この企業による株式の相互持ち合い比率は，1980 年代にピークとなった後，外国人株主比率の高まり等から傾向的に低下している。これは配当性向の高まりに反映されているものの，リーマン・ショック以前の 2008 年までさかのぼって見てみると，日本企業の利益率は欧米と比べていぜんとして低い水準にある。これは以下の長期・継続的取引慣行と密接な関係にある。

第二に，特定の企業間で長期・継続的な取引を行う系列関係がある。まず。生産面での系列取引では，自動車や家電メーカーのような組立産業について，製品の品質についての信頼性を確保するために，5 年以上の継続的取引関係が過半数を占めている。これは大企業から中小企業への技術移転や共同開発を通じた部品の品質向上にも貢献している。もっとも，同時に完成品メーカーは，リスク分散の観点から，同じ部品について複数の系列企業から納入を受けている。これは主要な部品を自社内で生産する米国企業の場合と異なり，一定の範囲において部品メーカー間での競争が働く点で，組織内取引の信頼性と市場取引の効率性を組み合わせたものと言える。他方で，企業ごとに分断された労働市場では，欧米の職種別労働市場と異なり，賃金が高い大企業内での生産活動を製品の組み立て等にとどめ，典型的な部品の生産を賃金の低い中小企業を活用することも，生産系列の隠れたメリットとなっている。

次に，流通面の系列関係では，自動車・家電製品・化粧品等について，製造業の大企業が自社製品だけを販売する小売店のネットワークを形成している。これは小売店にとって競合する企業の製品を販売しない代わりにさまざまな支援を受けることで，新製品の普及や品揃えを豊富にするという利点がある。一方で，販売店の零細性から，商品の回転率は低く，販売コストの削減は困難となる。これに対して，輸入品を含む複数のメーカーの製品を買い切りで仕入れ，低価格で大量に販売する大規模小売店が，共通のブランドで全国的に展開し，広告・宣伝費等の面で規模の利益を追求する手法が拡大している。

第三に，企業が特定の銀行から最大額の融資を長期・継続的に受けるメインバンク制である。金融機関は，企業に資金を融資する際に，事前の審査と事後のモニタリングを行う機能を持っているが，これにはコストがかかるため最大の融資を行うメインバンクが代表して行い，同じ企業に融資する他の銀行はその判断に依存する「監視機能の委託責任」を負うことが合理的となる（鶴 1994）。ただし，メインバンクは「最後の貸し手」としての責任を持ち，融資先の財務状況が悪化した場合にはその主たる救済責任を負っている。こうした債権者としてのメインバンクの機能を補完するため，同時に融資先の株式も保有し，場合によっては役員を派遣するなど，多面的に企業経営を規律付ける機能をも有している。もっとも，金融機関間の「横並び体質」から過大な融資を行ったバブル期には，こうしたメインバンクの機能も十分には働かなかった。また，大企業が十分な資金力を身につけた1980年代以降では，社債等の直接金融市場に資金の調達先がシフトし，金融機関の主要な融資先が中小企業に移るなど，メインバンク制にも変化が生じてきている。

第四に，特定の企業の内外で，人的関係の継続性を担保する日本的雇用慣行がある。これは企業別に組織された閉鎖的な労働市場の下で，新卒採用から定年時までの長期雇用保障，労働者と経営者との連続的な年功昇進・賃金体系，および職種にかかわらず企業内に単一の労働組合，等からなっている。これを企業経営者の「温情主義」に基づくシステムと捉えられることがあるが（アベグレン 1958），むしろ企業内訓練を通じた熟練労働者を形成するための合理的な仕組みと理解される（八代 1997, 2010）。しかし，日本企業が労働者に多くの投資をするビジネスモデルは，高い経済成長期には人的資本の形成として労使双方にとって多くの利益をもたらしたが，そうした条件が変化すると，むしろ企業にとって雇用を保障しなければならない債務の面が大きくなる（詳細は第 10 章参照）。

最後に，長期的な取引慣行を主体とした日本的経済システムの大きな柱として，政府と企業との密接な関係がある。官僚と政治との関係は，先進国の中でも多様であり，米国では，閣僚だけでなく，各省庁の主要な幹部ポストの人事権を大統領が握る政治任用で官僚を支配する。その結果，政権が交代するごとに官と民との間で大幅な人事異動が必然となるが，それを民間の流動的な労働市場が支えている。他方，英国では，政策決定は政治家の仕事であり，官僚は「行政職人」として，どのような政権にも従う仕組みとなっていると言われる。

これに対して日本での固定的な雇用慣行の下では，民間人の政治任用はごく限定されており，審議会委員のように，本業の傍らの臨時的な任用方式に限定されていることと対照的である。

法律は各省庁の官僚がそれに基づいた行政を行いやすいように策定する。政治家はその過程で，一定の影響力を及ぼすのみで，国会で審議される前に主要な利害関係者の間での調整が済んでいる場合が大部分である。また，違憲訴訟に際しても，裁判所も多くの場合に行政の判断を尊重する「官僚制民主主義」と言える。これは第1章で見たように，戦争という国家プロジェクトを遂行するための官僚組織が，戦後は占領当局の手足となってその機能を強化し，先進国の経済水準へのキャッチアップを実現するための司令塔として機能した時代からの遺産である。このため，政権が交代した場合にすら官僚人事にはほとんど影響せず，稀に各省の大臣が人事権を発動すると，マスコミから「政治の行政への介入」と批判されるほどである。

しかし，日本が先進国の経済水準に到達し，国民のニーズが多様化するとともに，中央集権体制の長所よりも短所が顕在化するようになっている。その意味では，ソ連・東欧の旧社会主義圏の崩壊と日本の1990年代以降の長期停滞の始まりの時期が重なったことは，ともに「賢明な官僚が民を指導する」システムの限界という意味で，必ずしも偶然の一致ではないとも言える。

第9章

人口の少子・高齢化とシルバー民主主義

成人の日（1990年生まれの新成人は，124万人で4年連続過去最少を更新。総人口に占める割合は0.97%となり，初めて1%を割り込んだ） 2011年1月10日

時事通信フォト

人口の減少とその高齢化は，今後の日本経済の動向を規定する主要な要因である。戦後の経済発展の下で生じた日本人の平均寿命の著しい伸長は，所得や健康水準の向上を反映したもので，日本の経済発展の大きな成果である。また，家族の所得水準の向上や就業形態の被用者（サラリーマン）化で，家族の子ども数を制限し，1人当たりの教育投資を増やすことも，その合理的な行動の結果であった。こうした，本来，人々にとって望ましい行動の結果である少子化と長寿化が，なぜ日本の大きな社会問題になるのであろうか。

それは，人口減少と高齢化という大きな社会変動に対応して，過去の制度・慣行の改革が円滑に進まないために，大きな摩擦をもたらしているからである。とくに日本では，年齢に大きく依存した労働市場があり，高校や大学卒業後に新卒で一括採用され，年齢や勤続年数に応じて昇進し，60歳等で画一的に定年退職となる。また，豊富な生産年齢層が少ない高齢者を扶養することを暗黙の前提としていた社会保障制度が維持されている。こうした中で，人々の平均寿命が長くなると，既存の労働市場や社会保障制度に大きな負担をかけることになる。

もっとも若年層と比べた高齢層の大きな特徴は，その多様性にあり，個人の健康度や仕事能力には大きなばらつきがある。このため，個々の高齢者の年齢ではなく，その仕事能力に応じた活用を図る「年齢を問わない（Age-free）社会」を目指すことが，これからの日本の少子・高齢化を乗り切ることの大きなカギとなる。

 年齢を問わない社会へ

戦後，持続的に増加してきた日本の人口は，2010 年前後の 1 億 2700 万人をピークに低下に転じ，50 年後には約 4000 万人減の 8710 万人となることが見込まれている。これ自体は，ほぼ 1950 年頃の人口とほぼ同じ水準に戻るにすぎないが，その間に高齢者人口が増え続けることで，人口全体に占める 65 歳以上の比率が，90 年の 11.5％から 2020 年の 29.1％へと急速に高まり，さらに 50 年には 40％弱の水準に達することが大きな違いである（図表 9-1）。戦後の日本経済が暗黙の前提としていた，持続的な人口の増加とピラミッド型の年齢構成の経済環境の下で成立していた社会制度や慣行が，そのまま維持されている中で，人口減少と急速な高齢化が進むことにより，さまざまな社会問題が生じている。この人口減少は，もはや日本経済にとって長期的な問題ではなく，すでに生産年齢人口（20-65 歳）は，2000 年をピークに減少に転じており，20 年には約 1000 万人の減少となり，人手不足の深刻化を招いている。

一般に高齢者は 65 歳以上と定義されているが，これは 75 歳を基準に前期と後期に分けて考える必要がある。今後の日本では，年金だけでなく，医療や介護をとくに必要とする後期高齢者の比率が高まる「高齢者の高齢化」が進み，社会保障費のいっそうの拡大が生じることが大きな特徴である。他方で 65～74 歳の就業率は，男女ともに持続的に高まっており，この前期高齢者の就業率を維持することが重要となる。多くの高齢

図表９-１　高齢者の高齢化の進展

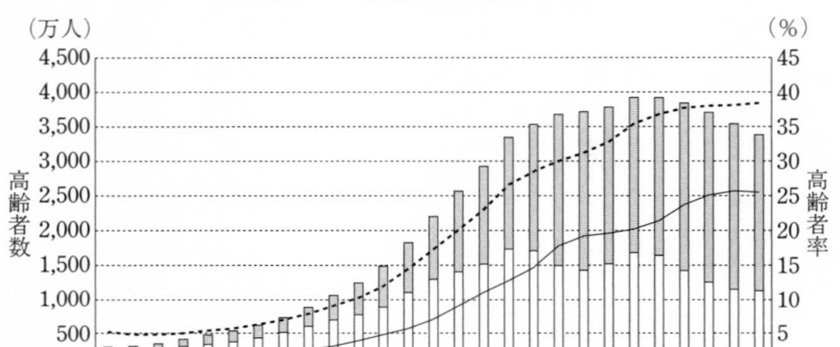

（出所）社会保障・人口問題研究所『将来人口推計』。

労働者が所得税や社会保険料負担を担い，働く高齢者が引退した高齢者を支えることで，それだけ勤労世代の負担を軽減することができる。

高齢者の平均余命が伸びる中で，個人差はあるものの，男女にかかわらず平均的な前期高齢者が働き続けることを前提とした社会に近づけば，そこで扶養される 75 歳以上の人口全体に占める比率は，そのピーク時でも 25％程度と，2020 年度の 65 歳以上人口と大差ない水準にとどまる。そうした高齢者の就労環境の整備や，働くことが不利にならないような年金制度への改革が，活力ある高齢化社会を実現するための大きな前提となる。

図表 9-2　出生数と合計特殊出生率の推移

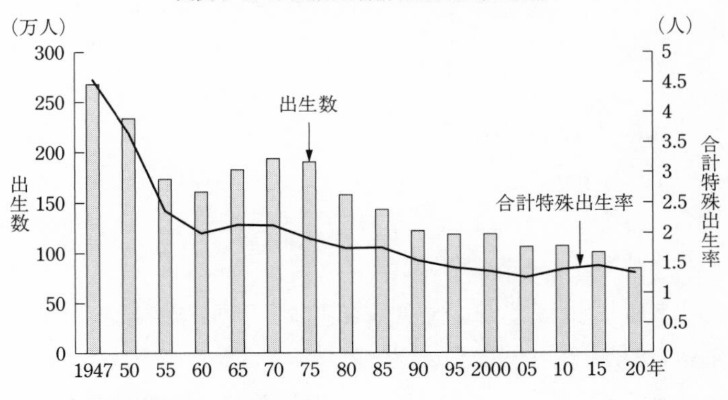

（出所）厚生労働省『人口動態統計』。

9.2 出生率低下の要因

戦後日本の人口構造の大きな特徴は，出生率の持続的な低下と平均寿命の伸長である。合計特殊出生率（1 人の女性が生涯に産む平均子ども数）の動向は，① 1946 年の 4.5 から 60 年代初めの 2.1 の水準までの急速な低下期，②その後，70 年代半ばまで，ほぼ横ばいにとどまった安定期，③ 70 年代後半から 2021 年の 1.3 までの緩やかな低下期，といった 3 つの時期に分けられる（図表 9-2）。

最初の時期の出生率の低下は，主として，労働力や跡継ぎとしての子どもが不可欠な農業や小売業等，自営業主体の就業者の比率が急速に低下し，子どもへの依存度の小さな雇用者主体の就業構造に転換したことで説明できる。他方，そうした産業構造変化の影響が低下した後の1970年代以降の出生率低下は，子どもの数を減らして大事に育てる家族の行動変化に基づいている。この少子化現象は，日本だけでなく他の東アジア諸国にも共通した現象である。

少子化の要因として子育ての費用，とくに教育費の増加があげられるが，これはむしろ家族の「子どもの量から質への代替」の結果でもある。すでに若年人口の持続的な減少で，入学志望者数と比べた大学の定員数自体は，全国で過剰となっているにもかかわらず，特定の大学に入学するための受験競争はむしろ過熱している。公立学校の授業料が無料の義務教育段階でも，私立学校や学習塾が増えており，家計の負担する平均的な教育費は増加している。これは企業の新卒一括採用の際に，個人の学歴が，その潜在的な能力を選別（スクリーニング）する際の指標として使われていることを反映した面も大きい。

子育ての費用としては，金銭的な費用だけではない。女性が本格的に就業する時代には，子どもを育てるために女性が就業を断念しなければならないことのコスト（機会費用）の高まりなどによる影響が大きい。男性が働き，女性が家事や子育てに専念することを暗黙の前提とした日本的雇用慣行の下では，女性の正社員としての就業継続と子育てとの両立が困難となる。これは，女性の就業率が高まるほど出生率が低下するという負の相関関係に反映されている。この子育てのため機会費用は，女性の高学歴化・高所得化とともに，いっそう高まることから，現行制度のままでは，出生率が自動的に回復する可能性は乏しい。

コラム⑦ パラサイト・シングル説への疑問

山田昌弘中央大学教授の『パラサイト・シングルの時代』(1999年)は，少子化問題に一石を投じた本である。これは，社会人になった後も，親の家にそのまま居続け，生活費を負担しない若年男女を指すもので，親の家を出て自ら家賃等を負担すると生活水準が下がることを避けるために，結婚する時期を先延ばしにする。その結果，婚姻比率の低下から出生率も低下するという論理である。これは成人した独身の子どもを持つ中高年層に大きな共感を生み，一世を風靡した感があった。しかし，これは経済学の視点で見ると以下の3つの疑問がある。

第一に，日本では長男・長女が親と同居する習慣は昔からあり，少子化で成人になって独立する次男・次女以下の数が減ってきたことや，結婚年齢の高まり等により，結果的にパラサイト・シングルに見える者の比率が高まったことによる面がある。第二に，子どもにとって親に寄生する方が楽なことは，出生率が2.1で安定していた1975年以前にも成り立っていたはずで，なぜ，それが最近になって変化したのだろうか。これを「若者の意識の変化」というのは，何がその変化をもたらしたのかの説明がなければ，同義反復（トートロジー）にすぎない。第三に，こうした「最近の若者はだらしがない」という古くからの言い伝えと共通した考え方は，少子化に対する政策の方向を曖昧なものにしてしまい，効果の不明な「イクメン」や「子育てが楽しい」キャンペーンを行うことで，必要な制度改革を避けるための政府のアリバイづくりに結び付きやすい。

これに対して「家族の経済学」の視点は，①少子化の要因を，男性ではなくもっぱら女性の就業行動の変化の結果として捉える，②既婚女性の就業増に対応しない企業内の働き方や保育所行政等，過去の制度・慣行との矛盾として考える，③その改革を阻む官民の既得権の構造を明らかにすることで，具体的な政策提言に結び付けることにある。少子化対策が進まない基本的な要因を，単に人々の意識変化に求める論理は，むしろ必要な制度改革を進めるうえでの障害となる場合が多い。

もっとも，こうした女性の就業率と出生率との負の相関関係は，他の多くの先進国ではほぼ解消しており，たとえば北欧諸国の女性の就業率と出生率は，ともに日本と比べて高い水準にある。日本でも，慢性的な長時間労働や転勤を抑制し，仕事と家庭生活との両立（ワーク・ライフ・バランス）が可能な働き方へと転換すれば，女性の就業率を高めつつ出生率の水準を引き上げることは十分に可能となる。

これに対して，女性の働き方への制約は，すでに結婚している場合についての問題であり，むしろ未婚率の高まりや晩婚化が，少子化のより大きな要因との見方もある。日本では，結婚していない母親から生まれる子どもの比率は2.3％（2019年）にすぎず，米国や英国の40％台と比べて大きな差がある。しかし，結婚すれば子どもを持つことが，ほぼ暗黙の社会的合意となっている現状では，女性が働き続けることの子育てへの制約が，同時に結婚自体への制約となっている面も少なくない。

9.3 高齢化への対応

少子化と並んで日本の高齢化を進展させている主要な要因は，平均寿命の伸長である。日本人の平均寿命は，戦後，1947 年の女性 54.0 歳，男性 50.1 歳から，2021 年にはそれぞれ，87.7 歳，81.6 歳と大幅に伸長した。これは戦後の幼児死亡率の低下の影響も大きいが，65 歳時点の平均余命でも，同期間に，女性が 12.2 歳から 24.6 歳，男性が 10.2 歳から 19.8 歳と，やはり大きく伸長している。こうした平均寿命の伸長については，戦後の所得上昇とともに，栄養・健康水準の向上や国民皆保険による医療サービスの質が大きく貢献したと見られる。

ここで平均寿命の伸長だけでなく，その質を示す指標として「健康寿命」がある。これは介護の必要がなく健康的に日常生活が送れる期間を示すもので，男性は 72.7 歳，女性は 75.4 歳（2020 年）とされている。この健康寿命と平均寿命との差が小さいほど，死亡時まで健康な期間が長いことを意味し，それを実現することが高齢者の生活の質を高めるためのひとつの政策目標となる。

そのためには，労働時間や働き場所の弾力化やテレワークの促進等による，高齢者のワーク・ライフ・バランスの向上のための働き方改革や，健康維持に重点を置く社会保険制度の見直しが急務となっている。

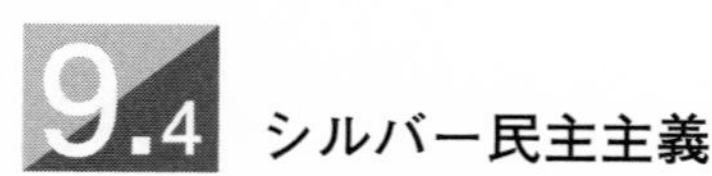

9.4 シルバー民主主義

少子・高齢化の急速な進展に伴い社会保障費が持続的に増加し，財政赤字の拡大が止まらない。それにもかかわらず，与野党がともに社会保障制度の改革に消極的なことの大きな要因として，それに反対する高齢者の有権者全体に占める比率の持続的な高まりがあげられる。

民主主義の大きな要素のひとつとして，多数決の選挙で選ばれた納税者の代表が，議会で政府の歳出や税負担の膨張を監視することがある。しかし，主として社会保障制度の受益者である高齢者が，投票者の過半数を占めるようになれば，年金支給額や高齢者医療費の膨張は抑制できず，財政赤字の是正はいっそう困難となる。他方で，教育や保育など次世代向けの支出は増えず，年功賃金など高齢者に有利な働き方の改革も進まない。これは，欧米諸国にも共通した面があるが，何よりも高齢者の増加する速度が速い日本で，シルバー民主主義のリスクが最も大きなことがある（八代 2016）。

日本は，先進国の内でも高齢者人口の比率が急速に高まっている国であり，2040 年には 60 歳以上人口が全体の 4 割を超える。また，高齢者の投票率（参議院選挙）は，平均の 1.2 倍強で，若年者のほぼ倍近い水準で安定している（図表 9-3）。

この年齢間の投票率の差が今後とも不変であれば，投票者に占める 60 歳以上の比率は 2040 年に過半数を超えることが見込まれる。この傾向は全体の投票率の低い地方選挙では，とくに

図表 9-3 参議院選挙年齢別投票率

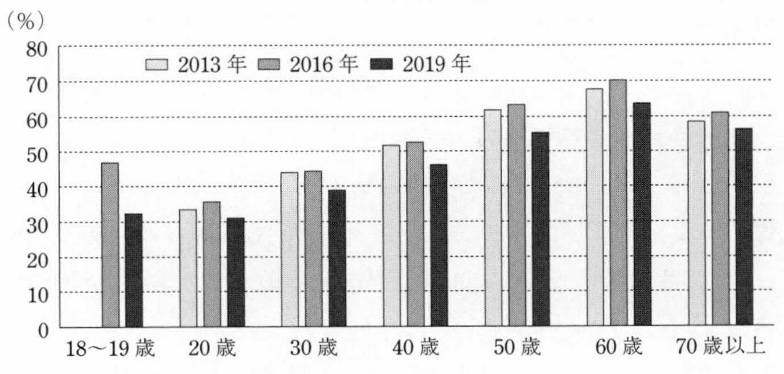

(出所) 総務省統計局「選挙関連資料」。

顕著となっている。このため国や市町村で，高齢者の利益を反映した近視眼的な政治が主体となり，将来世代のための必要な改革が損なわれることが，シルバー民主主義のリスクである。これは高齢化が急速に進む日本社会では，すでに現実のものとなりつつある。

具体的な例としては，まず 65 歳以上人口の比率が著しく低かった時代に形成された社会保障制度がある。世代間で負担と給付の差が大きな日本の年金制度で，平均寿命の伸長に合わせて受給者の自然増を抑制する平均支給開始年齢が，他の先進国と比べても早すぎることや，医療保険の自己負担率が，低所得層だけでなく，高齢者一般に対しても軽減されることがある。さらに，高齢者は歳出増に見合った増税，とくに消費税に対して消極的で，財政赤字や公的債務の拡大を事実上，放置する政策も，後代世代に負担を転嫁する点では同様である。また，労働市場でも企業に対する 70 歳までの再雇用確保の義務づけや，失業手当の給付日数が年齢に比例して長くなるなどの優遇措置もある。

こうしたシルバー民主主義の弊害を防ぐための選挙制度の改革案がある。これは議会の議席数を年齢別に割り当てることで，投票率の差にかかわらず，世代別の利益を代表する議員数を確保することができる。しかし，そうした民主政治の根幹である「一票の平等性」と逆方向への選挙制度改革に高齢者が賛成するはずはないことを考慮すれば，絵にかいた餅となる。むしろ高齢者と若年者との世代間の利害対立を抑制し，高齢者自身が納得する形で，シルバー民主主義の弊害を抑制する方向への改革が基本となる（八代 2016）。

まず，子どもや孫世代の利益を尊重する高齢者の利他主義に訴えることである。とくに高齢化社会に対応した年金制度の必要な改革を避けてきた歴代政権の「政策の不作為」の結果，子どもや孫世代への持続的な社会保障負担の先送りの現状を明確にすれば，ある程度の年金給付の抑制の必要性についての理解は得られるはずである。

また，現行の年金や医療・介護保険における「高齢者優遇」の仕組みを維持することは，その長期的な制度の持続性に反し，結果的に高齢者の利益に反することを徹底した情報公開で示す必要がある。とくに，政府の「100 年安心年金」の経済的根拠が乏しく，現行の国債に大幅に依存した年金給付が，近い将来に突然の大幅な削減に見舞われるリスクを示すことが重要である。

戦後に生まれ過去の高い経済成長期を経験した団塊の世代の

高齢者は，70歳台に入りつつあるが，十分な社会経験を持っており，自らの短期的な利益のみを追求する存在と見なすことは妥当ではない。日本の年金や医療等，社会保障をめぐる利害の対立は地球環境問題と共通した面もある。子どもや孫世代のために，現在の世代が一定の負担増を担うことは，双方の世代の共通の利益になる面が大きい。

借金に全面的に依存した社会保障財政の現状について，政府が十分な情報を公開すれば，後代世代に大きな負担を先送りしないことについての世代間の合意は，十分に可能ではないだろうか。それを理解できないのは，高齢者世代よりも当面の選挙しか目に入らない近視眼的な政治家と言える。

第10章

日本の働き方改革

敬老の日の東京・巣鴨（65歳以上の高齢者が3617万人，総人口比28.7%となった2020年，100歳以上の高齢者は初めて8万人を超えた） 2020年9月21日

時事通信フォト

10.1 日本的雇用慣行の合理性

日本的雇用慣行を理解するための主要な柱となるものが，企業内で行われる長期の「業務上の訓練（On-the-job training）」による労働者の熟練形成である。このために企業内で実施されるものが，個々の職務を限定しない働き方であり，人事部主導の定期的な配置転換である。とくに日本の大企業では，欧米の企業のように個々の仕事に必要となるつど，その職務に限定した労働者を新たに採用するのではなく，特定の企業内の多様な業務に対応可能な労働者を常時，備えておく仕組みを持っている。これを濱口（2009）は，欧米のジョブ型に対するメンバーシップ型の働き方と定式化した。

メンバーシップ型の働き方の下では，新年度初めの新卒一括採用が大きな行事となる。これは高校や大学を卒業したばかりのまったくの未熟練労働者を，企業内の配置転換を通じて，熟練労働者に育成していくためのスタート時点となるからである。とくに製造業では，企業内訓練を通じて，多様な技能を身につけた多能工を養成することで，欧米の工場で特定の仕事しかしない単能工中心の働き方と比べて，労働者の高い生産性を支える基本となってきた。

この働き方では，定年時までの長期雇用保障と，勤続年数に応じた昇進・昇給，および企業別に組織された労働組合が一般的となる。まず，労働者が企業内でどのような職務でも応じるためには，長期の雇用保障が大きな前提となる。これは新卒採用時から定年退職時まで同じ企業・企業グループで働くという厳密な意味での「終身雇用」でなくとも，生涯の大部分の期間を同一企業で働く人は少なくない。たとえば，厚生労働省「賃金構造基本調査（2020年）」によれば，50歳代の男性労働者のうち，勤続30年以上の者の比率は，産業全体で33％を占めており，とくに大企業（従業員1000人以上）では47％と高まっている。また，勤続年数に応じて賃金が高まる年功賃金の度合いも，やはり企業規模に比例している。この年功賃金カーブの傾きの差は，男性と女性，大学卒と高校卒，正規社員と非正規社員についても同様に見られ，それらの間での賃金格差の主要な要因となっている（図表10-1）。

特定の企業での勤続年数に比例して賃金が高まることは，他の先進国にも共通した現象であるが，日本では，その傾きが他の国々と比べてはるかに急なことが特徴的である。企業が勤続年数に比例した賃金体系を維持していることについては，労働者の年齢が高まるほど，家族の生活を支えるためにより多くの生計費を要するためという「生活給」の論理がある。しかし，日本の企業が，社会主義国での建て前のような「能力に応じて働き，必要に応じて受け取る」賃金体系を維持しているわけではない。勤続年数の長い労働者ほど賃金が高いことは，労働力の対価としての賃金と，教育・訓練で蓄積された人的資本からの収益も含んだ，広い意味での労働生産性への報酬と考えられる。

これに加えて，年功賃金には「生涯を通じた賃金の部分的な後払い」という意味もある。勤続年数に比例した賃金体系は，

図表10-1　年齢・賃金プロファイル

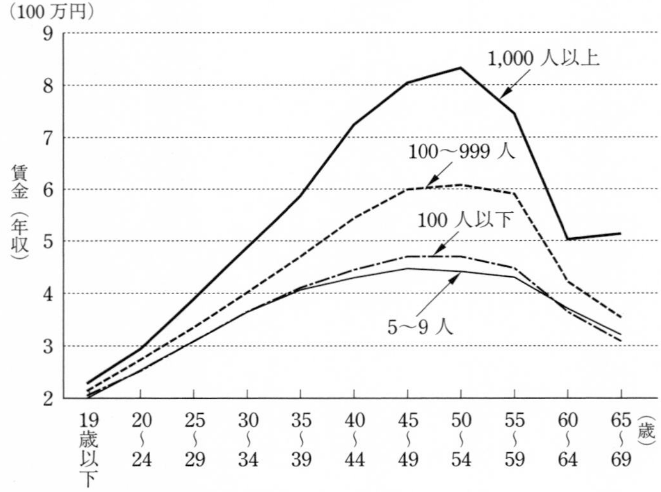

（出所）厚生労働省『賃金構造基本統計調査』。

若年時には企業への貢献度を下回る賃金しか受け取れない半面，中高年になると，逆にそれを上回る賃金を受け取ることから，生産性の上昇以上に勾配の高い賃金カーブとなる。この若年期の低賃金を中高年時の高い賃金や退職金の形で，労働者にいずれ還元される仕組みとなっている。これは労働者が，本来，長期に勤続する企業を中途で自発的に辞めると，生涯所得が大きく減ってしまう。この，労働者が「企業内に閉じ込められる効果」は，企業にとって，特定の企業内で形成された熟練を，労働者に持ち逃げされないための「担保」としての役割を持っている。

企業別に組織された労働組合の役割も重要である。欧米の労

コラム⑧　「仕事競争モデル（Job competition）」

日本企業では雇用が保障され賃金も年功的に高まるなら，労働者の働く意欲はなぜ損なわれないのかという疑問がある。これに対しては，米国の経済学者のサロー（L. Throw）が1975年に提唱した「仕事競争モデル（Job competition）」は，日本の大企業や官庁によく適用される。これは，経済学の教科書にある仕事能力の優れた労働者に高い賃金で報いる「賃金競争」は現実の職場では必ずしも重要ではなく，むしろ「良いポスト」をめぐる「仕事競争」がより激しいというものである。企業内での熟練形成の基本は，実際に業務に就くことで学ぶ「業務上の訓練」であり，どのような仕事に配置されるかが，個人の技能形成に大きな意味を持っている。「良いポスト」とは，企業内でより重視されている業務を担当する部門であり，そこには質の高い人材が重点的に配置されている場合が多い。そこでは優れた上司や同僚から学ぶ，質の高い「業務上の訓練」が得られる。また，そうしたポストで努力することで成果が上がれば，上司から注目されやすく，次の定期異動時には，さらに良いポストに移れる可能性が高い。

その逆に，「悪いポスト」とは，学ぶ内容の乏しい上司の下で働く，努力しても報われず，注目もされない定常的な業務である。そうしたポストに何年いても仕事能力は高まらない。その結果，入社時に，どちらのポストに配置されるかで，当初は仕事能力に大差のなかった若年労働者の間に，勤務年数が長くなるほど，累積的に大きな差が生じることになる。官庁や民間企業を問わず，より良いポストに就くことを目指した社員間の厳しい競争が，さまざまな組織内で長期的に繰り広げられるのが日本の組織の特徴のひとつである。

もっとも，この仕事競争モデルは，過去の企業組織が持続的に拡大する状況の下では，企業内でより高い地位に昇進すれば，それに見合った高い賃金を得られることから長期的な賃金競争とは矛盾しない。他方で，経済の長期停滞の下では，努力しても報われることのない不本意な働き方となる可能性もある。

働組合では，職種や産業等，特定の集団の労働者の供給を独占することで，少しでも高い賃金を獲得するための交渉力に重点を置いている。これに対して日本では，長期雇用保障の下で，企業内の幅広い配置転換を通じて，先輩の労働者から技術の移転を受け，熟練労働者を形成する。こうした長期継続的な取引慣行の下では，労働者が技術革新等で職を奪われるリスクも小さく，企業が成長・発展し利益を増やすことで，その配分を受けることが労働者にとっても大きなメリットとなる。こうした企業経営者と労働組合とが長期的な利益を共有でき，円満な労使関係を築くことが，日本の雇用慣行の大きな長所となってきた。

他方で，若年期の労働者は，企業への貢献度に見合って受け取れるはずの賃金よりも低い賃金しか受け取れず，中途で退職すると，その後の年功賃金を受け取れない。これは，労働者が自ら働く企業に対して，その本来，受け取れるはずの賃金からの「強制的な出資」を強いられていることになる。この「出資額」は，いわば自社株の購入と似ており，その価値は企業の発展とともに高まる。ただ，株主との違いは，株式を転売できないことで，企業が倒産すれば紙くずにもならない。この意味で日本の大企業の従業員は，いずれも「株券を持たない株主」と共通点があり，いつでも株の売却が可能な一般の株主以上に，企業と密接な利益共同体を構成していると言える。

日本の労働組合がストライキをしない御用組合と批判されることがある。しかし，企業別に組織された労働組合にとっては，目先の短期的な賃金の増加よりも，企業が長期的に存続・発展し，将来の高い年功賃金や退職金の形で「(実質的な) 配当」を得ることの方が，より重要な関心事となる。また，日本の大企業の経営者のほとんどが，長期勤続社員の出身である。企業と労働組合とが長期的な利益共同体であり，円満な労使関係を維持することで，新技術の導入等，労働生産性の向上に大きな役割を果たしてきたことは，何ら不思議ではない。

10.2 日本的雇用慣行の影の側面

上記のように日本的な雇用慣行は，熟練労働者の形成や労使間の共通利害等，経済的な合理性があるものの，同時に，その裏側に潜むさまざまな社会問題と密接不可分の関係にある (八代 1997)。

第一に，前章で触れた少子化の大きな要因としての女性の就業継続と子育てとのトレードオフ関係である。これは，企業が自ら熟練を形成した世帯主労働者を，労働時間の長さや働く場所を問わずに最大限に活用するため，家事・子育てに専念する配偶者と家族ぐるみで雇用する日本的雇用慣行の制約から生じている。長年，ワーク・ライフ・バランスの必要性が唱えられているにもかかわらず，一向に実現しないということは，それが仕事に専念する世帯主と，家事・子育てに専念する配偶者との間での「家族単位」ではすでに実現しているためである。この旧来の役割分担を，夫と妻が，ともに働き，ともに家事子育てを行えるような，「個人単位」のワーク・ライフ・バランスに変えるためには，現行の働き方の抜本的な見直しが必要とされる。

第二に，正規・非正規社員間の格差問題である。これは熟練労働者を形成する長期雇用・年功賃金の慣行の下で，企業利益の配分を受ける働き方の正規社員と，市場賃金で特定の業務を行い，不況時等に正規社員の雇用を守るための調整弁となる非正規社員との二重構造である。臨時工等の労働者は古くから存在していたが，1990年代以降の長期停滞期に入ると，雇用保障が必要な正規社員を増やすことが困難になったことや，自営業の傾向的な減少の受け皿としての非正規社員が増えた。このため雇用者に占める非正規社員比率が40%弱まで持続的に高まり，企業の内部と外部の労働者間での「格差」が，大きな社会問題として認識されるようになった。こうした中で，「望ましい働き方」とされてきた日本的雇用慣行を守るために，非正規社員への規制が強化されてきた。しかし，経済が停滞する下で非正規社員の働き方を制限することは，正規社員への転換を増やすよりも全体の雇用機会を狭め，失業者の増加をもたらす危険性が大きい。

第三に，長期雇用保障と年功賃金制度を通じた世代間格差の拡大である。同一企業内での「生涯を通じた後払い」の年功賃金は，企業内の労働者の年齢構成が不変であれば，いずれ若年期の負担者は高年齢期の受益者となり，生涯を通じてみれば不公平ではない。しかし，今後，持続的に減少する若年層にとって，増加する中高年層への賃金移転の 1 人当たりの負担額は持続的に増加する。これは賦課方式の年金制度と共通したものだが，低成長経済では，若年層が，現在の中高年層のような年功賃金を受け取るまで，現在の企業が存続している保障も乏しくなっている。今後の人口減少社会では，とくに若年層にとって，個々の企業に依存した雇用保障よりも，雇用の流動化が進む，効率的な労働市場が望ましい時代を迎えている。また，中途採用中心の欧米の仕組みと比べて，大企業の質の高い労働市場へ参入する機会が，新卒採用時にほぼ限定される日本では，過去の就職氷河期の世代のように，今後，十分な熟練度を形成できず，生涯を通じた賃金格差が維持されることが生じやすい。

第四に，学歴や性別による「統計的差別」の問題である。大量生産のきかない業務上の訓練に重点が置かれる日本的雇用慣行では，新卒採用時や内部での配置の際に，潜在的な能力に優れた人材を選抜することが必要となる。よく「個人の学歴よりも能力での採用」が唱えられるが，そうした個人の資質は，企業にとって事前に判断することは困難である。このため，その個人の属する集団の平均値によって代用せざるをえない。これが学歴や性別等による「統計的差別」の要因となる。一般に偏差値の高い大学の卒業者は，難解な入学試験を経たことから，勤勉さや忍耐力等の資質が優れていると見なされる。これは，同じ学歴の集団内でも大きな個人差があるために，平均的に評価の低い集団に属している個人にとって不利な扱いを受けやすい。この学歴に基づく「統計的差別」は，誤って仕事能力の低い労働者を採用した場合にも，容易に解雇できない日本の長期雇用保障慣行の下では，企業はよりリスク回避的となるため大きいと見られる。

また，性別による差別では，女性の仕事能力が高くとも，出産や介護，夫の転勤等の事情で企業を自発的に辞める確率が，いぜんとして平均的に高い。企業内訓練を重視する日本の大企業では，質の高い訓練を受けた労働者に中途で退職されることは大きな損失となるため，女性は採用時や企業内でのポストの配置の際に不利な扱いを受ける可能性が高い。これが結果的に離職率を高めることで統計的差別が正当化されやすいという悪循環が生じやすい（八代 1980）。このため，男女間の平均勤続年数の差が生じ，賃金格差や管理職に占める女性比率では，日本は先進国の中で低い水準にある。

第五に，固定的な雇用慣行の下での大学受験競争の過熱化である。雇用保障は，労働者が安心して働けるために望ましい慣行と言われるが，それは同時に，良い雇用条件の大企業に就職するための競争が新卒採用時の一時点に集中することを意味する。このため上述の学歴による「統計的差別」に基づく，企業の選別行動に対応し，それに有利な資格を身につけようとして，家族の教育投資が過熱化する。こうした日本的雇用慣行の負の外部性への考慮も必要と言える。

しばしば教育費の高さが少子化の要因と言われるが，それは大学の授業料の問題だけではない。かりに，大学への公費による支援を大幅に増やしたとしても，それだけ家族は著名大学に入学するための私立中高や学習塾に多くの費用をかける可能性が大きい。この結果，本来は無償教育が保障されているはずの小中学校段階でも，学習塾の費用を負担できる家族とそうでない家族との所得格差が，子どもの学力格差に結び付きやすくなり，社会の階層化が進む危険性がある。受験競争の弊害を防ぐためには，入試制度をいじるよりも，その主因である新卒一括採用の比重を低下させる等の労働市場改革が必要とされる。

10.3 働き方改革の論点

以上のように，過去の高い経済成長とピラミッド型人口構造の下で，熟練労働者を形成するための効率的な仕組みであった日本的雇用慣行は，そうした条件が失われた1990年代以降には，多くの社会問題の要因ともなっている。とくに長期雇用慣行の下で，欧米諸国の職種別労働市場と異なり，企業別に分断された日本の労働市場では，同一企業内の労使間の利害対立が小さい半面，企業内の正規社員と企業外の非正規社員との賃金や雇用の格差が大きいことがある。これに対して，派遣社員の期間制限や有期雇用者の無期雇用化等の手段で，その正規社員化を目指す政策は，逆に失業者を増やす恐れがある。むしろ，欧州のように正規社員についての「解雇の金銭解決ルール」の法制化とともに，非正規社員が有期雇用契約の更新を長期にわたって続けていた場合に，その契約更新の打ち切りに対する一定の金銭補償を設けることで，正規社員と非正規社員との働き方の壁を低める政策が求められる。

1　残業規制の改革

日本の慢性的に長い労働時間は，労働者の健康を脅かし，時間当たりの労働生産性を低め，仕事と子育ての両立を阻む等，さまざまの社会問題の根源となっている。これは労働基準法における割増賃金に基づく残業規制が有効に機能していないためである。欧米企業なら残業する労働者に高い割増賃金を支払うよりも新たに労働者を雇用する方が安上がりであるが，雇用保障と年功賃金の日本企業では新規に雇用することの長期的なコストが大きく，既存の労働者に割増残業代を支払う方が有利となる。また，とくに中高年労働者にとっては，高い年功賃金に比例した割増賃金の魅力は大きい。改正前では週40時間超の労働時間や月45時間超の残業を行うためには，各々企業と労働組合との間で特別の協定を結ぶことが義務づけられている。しかし，現実にはこのルールは残業割増賃金を希望する労働者が多いことから，長時間労働への抑止力とはなっていなかった。このため労働組合の意向にかかわらず，残業時間の上限を月80時間，年720時間と定め，これを例外なしに罰則で担保する規制が2019年度（中小企業は2020年度）から適用された。

他方で，業務の必要上，毎日の労働時間上限への規制の例外となる職種を定めることも必要となる。これは欧米諸国で一般的な，上司からの詳細な指示なしに自律的に働く専門的職種について，工場労働者のような画一的な労働時間規制の例外とするホワイトカラーエグゼンプションである。この考え方を日本にも適用したものが「高度プロフェッショナル（脱時間給）」制度であり，年収1075万円以上の高度専門職に限定し，その年間休日を104日以上と定めることを前提に，現行の割増残業代が適用されない仕組みが定められた。これ自体は長年の課題であったが，すでに残業代のない管理職以外で，年収1000万以上の雇用者はほとんど存在しないことから，実質的に利用しがたい制度となっている。

2　同一労働同一賃金

同じ仕事をしている労働者には同じ賃金が支払われるという原則は，職種別の労働市場が主体の欧米諸国では当然のことである。しかし，企業別に分断され，長期雇用保障の下で明確な職種の概念を欠く場合の多い日本の労働市場では，類似の業務についても企業の内部と外部の社員の間では大きな賃金格差がある。このため，多様な働き方の労働者間の「公平性」の観点から政府が介入することが，安倍政権で行われた同一労働同一賃金法制化の本来の目的であった。

日本では特定の企業内で雇用が保障される正規社員と，その雇用を守るために不況期に短期雇用契約が更新されない非正規社員との間には大きな賃金格差がある。これは主として正規社員の年功賃金によるもので，最も大きな1000人以上の大企業の50歳代のピーク時には，契約社員等の非正規社員と比べて

2.5倍の差がある。また同じ正規社員の間でも大企業と中小企業，同一企業内の男性社員と女性社員との間の賃金格差も，各々の年功賃金カーブの傾きの差から生じている（図表10-1）。

このため，改正されたパートタイム労働法等では，正規雇用者（無期雇用フルタイム労働者）と非正規雇用者（有期雇用者，パートタイム，派遣労働者）との間の不合理な待遇差の解消や，労働者に対する待遇に関する説明義務の強化を明記している。ここでの「不合理な格差」について，同一労働同一賃金のガイドラインでは，「正規社員と同じ仕事を同じ勤続年数の有期雇用の非正規社員が行う場合には同一賃金でなければならない」としている。しかし，基本的に短期雇用の有期雇用者にとって，かりに正規社員と同じ年功賃金を適用されても，その効果が十分に生じる前に雇用契約が解消されれば，実質的な賃上げには結び付かない。結局，賃金格差の主たる要因である現行の年功賃金等の改革を避ける限り，市場で決められる賃金の非正規社員との格差の是正はきわめて困難と言える。

また，同一業務で異なる働き方の労働者間の賃金格差について「事業者の説明義務」を法律で明記することは，過度な賃金格差を是正することに大きな意味がある。もっとも，単に非正規社員に対して，説明する義務を形式的に課すだけでは大きな効果は望めない。むしろ欧米企業並みに時間をかけた人事評価で，正規と非正規社員間の賃金格差の合理性を，裁判で立証することを企業に対して求める仕組みが日本でも必要とされる。これは結果的に低成長時代の人事管理の合理化を通じて企業自体にもプラスの効果がある。そうなれば，過去の高い経済成長期に，企業に命じられるままにどのような業務でも受け入れる正規社員の「職務を限定しない働き方」自体の見直しにも結び付くと言える。

3 派遣労働規制

非正規社員への規制の典型例として，雇用された企業とは別の企業で働く派遣労働者への規制がある。1999年に施行された労働者派遣法の改正は，一般に唱えられているような新自由主義に基づいたものではなく，欧州諸国が主体で成立したILO（国際労働機関）181号条約を，日本も批准したことの結果であった。これは，従来は原則禁止されていた有料職業紹介や労働者派遣事業について，原則自由・例外禁止とした大きな政策転換であった。これは欧州を中心とした高い失業率に対して，派遣社員としての雇用機会を増やすとともに，その保護を強化することを目的としていた。

しかし，この派遣労働の規制緩和に対して，企業別労働組合が主体の日本では，正規社員の雇用を脅かすものとして大きな抵抗があった。これは，派遣労働が欧米諸国と同様に同一労働同一賃金が成立している職種別労働市場であるため，企業ごとに賃金が異なる日本の企業別労働市場の正規社員との賃金格差が大きい。このため，日本の派遣労働法については「（正規社員が派遣社員に置き換えられることを防ぐ）常用雇用の代替防止」という，他国にはない独特の規制が設けられた（コラム⑨）。

コラム⑨　派遣の規制緩和でなぜ格差が拡大するか

派遣労働の規制緩和を定めたILO条約では，派遣社員としての雇用機会を増やすことで失業者を減らすことと，正規社員よりも弱い立場の派遣社員の保護が2つの大きな原則となっている。これが日本では，逆に派遣労働の規制緩和は，非正規社員の増加を通じて賃金格差を拡大させた元凶と見なされている。これは，派遣社員も含めて職種別労働市場が普遍的な欧米諸国と異なり，企業別に分断された日本の労働市場では，職種別賃金の派遣社員の増加は，仕事能力以上の年功賃金を受け取る正規社員にとって脅威となるために，派遣社員の規制を労働組合が求めたという大きな違いがある。このため，日本の労働者派遣法は，派遣社員によって既存の正社員の雇用が代替されることを防ぐために，派遣会社の無期契約社員を除く，大部分の派遣社員について，その契約期間の上限が設けられている。このように，日本では，派遣労働者保護法という法律上の名称にもかかわらず，その実態は，逆に派遣社員との競争から正規社員を保護する法律となっている。

派遣社員は雇用保障のない不安定な働き方と言われるが，専門的なスキルを持ち，原則として残業も配置転換もなく，特定の企業に依存しない働き方である。特定の企業内でスキルを形成し，無限定に働くことの代償に，雇用保障と年功賃金を得る正規社員とは，本来，補完的な働き方と言える。労働市場の規制緩和で非正規社員が増えたという誤解もあるが，非正規社員のうちで派遣社員の占める比率は，2021年でも6.5％にすぎない（図表10-2）。

2004年に，それまで他の職種と異なり，「(1999年の改正

図表 10-2 非正規社員の内訳（2021 年，%）

（1） 男女・年齢別比率

	総 数	15～24 歳在学除く	25～34 歳	35～44 歳	45～54 歳	55～64 歳	65 歳以上
男性	21.8	22.1	14.0	8.9	8.4	26.0	70.9
女性	53.6	27.5	32.4	48.6	55.8	65.7	82.2

（2） 形態別比率

	総 数	パートタイム	派遣社員	契約社員	嘱 託	その他
男性	100	51.4	8.1	22.6	11.7	6.2
女性	100	78.9	5.8	9.4	3.0	2.9
全体	100	70.1	6.5	13.6	5.8	4.0

（出所）総務省統計局『労働力調査』。

時から）当分の間」禁止されていた製造業分野への労働者派遣が解禁された。その後のリーマン・ショック時に，大量の派遣社員の雇止め（契約更新の打ち切り）が生じたとして，不安定雇用を生み出す派遣労働の再規制を求める声が強まった。これは暗黙のうちに，全体の雇用量を所与として，正規と非正規の働き方に代替性が大きく，非正規社員への規制を強化するほど，正規社員の雇用機会が増えるとする論理である。しかし，長期経済停滞の下では，派遣労働等の非正規の働き方を規制しても，代わりに正規社員として雇用される保障はなく，むしろ失業者の増加に結び付く危険性が高い。現実の日本の労働市場では，非正規労働者が傾向的に増えた結果，失業者を低い水準に維持してきた（前掲図表 4-2 参照）。これは有料職業紹介や派遣等，民間の人材サービスを活用することで失業者を減らすという ILO の規制緩和の意図が，現実の日本の労働市場についてよく反映されていると言える。

4　多様な働き方の正規社員

正規社員については，長期雇用保障と年功賃金の代償として，慢性的な長時間労働や頻繁な配置転換・転勤を受け入れるという包括的な働き方の見直しである。これは過去の高い経済成長の下で企業組織が持続的に拡大した時期に適応した働き方であった。今後の低成長期には，あらかじめ雇用契約で，職種や働く場所を定めておく欧米の労働者と共通した「地域・職種限定正社員」の選択肢が広がることが必要となる。もっとも，この場合には，かりにその対象となる事業所が閉鎖されれば，一定の金銭補償の下で雇用契約の解消の可能性もある。これについては，現行の働き方よりも雇用保障が損なわれるとの懸念もあるが，逆に転勤等で自発的に辞めざるをえない可能性は小さくなることが重要である。

以上のように，アベノミクスでは，とくに労働市場分野でいくつかの改革を行ったものの，残業時間の制限強化を除いては，生産性向上や労働移動の促進をもたらすような実効的な改革とはなっていない。本来の働き方改革をもたらすものとしては，以下の制度改革が必要とされる。

5　解雇の金銭解決ルール

日本の正規社員の雇用契約には，具体的な職務や賃金等の働き方や雇用終了についての規定はほとんどない。企業の指示でどのような仕事をどの地域でも遂行する代わりに，長期雇用と年功賃金が保障される包括的な内容である。しばしば「厳しすぎる解雇規制を緩和すべき」という意見があるが，労働基準法上の解雇規制には，原則として30日分の賃金の解雇手当しかなく，企業がそれさえ支払えば，原則として解雇は自由である。

しかし，日本企業に一般的な長期雇用保障の慣行の下では，現実に解雇された労働者が裁判に訴えた場合に，その救済のために裁判所の判例で形成されたものが「解雇権濫用法理」である。これは企業には解雇する権利はあるが，それを濫用してはならないという一般的な原則である。これは過去の高成長期に大企業で一般的に行われた標準的な慣行を基準とするもので，企業の解雇の必要性や，その手法に問題があれば解雇が無効とされ，職場復帰が命じられる。しかし，現実には，解雇無効判決後に，職場復帰よりも企業側との和解で労働者に補償金が支払われる場合が多い。

もっとも，肝心の労働法自体に解雇に関する金銭補償のルールが定められていないために，その水準が明確化されていない。このため，裁判に訴え解雇無効判決を得て，その後の和解で多額の補償金を得られる，主として大企業の労働者と，裁判に訴える資力が乏しく労働委員会等の斡旋でわずかの補償金しか得られない中小企業の労働者との格差は大きい。

このため欧州主要国の例にならい，勤続年数等に応じた解雇補償金の水準を法律で定め，その範囲内で裁判官が個々の状況に応じて具体的な補償金を定める方式なら，裁判の迅速化と，解雇された労働者間での公平性は担保されやすい。こうした解雇ルールの法制化に対して「カネさえ払えば解雇できる」という反対論がある。しかし，すでに裁判外の紛争解決の仕組みである労働委員会の斡旋や労働審判等の救済手段については，解雇の金銭補償が行われており，解雇紛争の解決手段として，労働者に金銭補償を行う仕組みは，日本でも定着している。

解雇の金銭解決ルールの制定は，現に十分な補償金もなしに解雇されている中小企業労働者の救済になる。また，民事裁判では，離婚や交通事故等の紛争解決の手段として，すでに補償金での解決もなされている中で，解雇をめぐる紛争についてだけ金銭補償が認められない根拠は乏しい。

6　定年退職制の改革

年齢とともに賃金が上がり，それが個人の企業への貢献度を上回る現行の雇用慣行では，一定の年齢で，社員に対しての強制的な退職（定年退職）が不可欠となる。しかし，個人の仕事能力のばらつきは年齢が高まるほど大きくなるにもかかわらず，年齢だけを理由に一律に解雇されることは，企業にとって人的資源の浪費であり，また公平でもない。このため，米国や欧州の多くの国では，定年退職制度を人種や性別の違いによるものと同様な「年齢による差別」として禁止している。

定年制が日本ではなぜ差別と見なされないかと言えば，それが60歳等の時点での強制解雇であるとともに，定年時までの雇用保障と一体的なためである。また，日本では同一企業内の「（仕事能力にかかわらない）賃金の平等性」を重視することに対して，欧米では「同じ仕事能力についての賃金の平等性」を基本とする違いと言える。

60歳以降の労働者を対象とした高年齢者雇用安定法には，定年制廃止の選択肢もあるが，現実にはほとんどの場合に65

歳までの定年後再雇用が選択されている。しかし，一年契約を更新する有期雇用での再雇用では，十分な仕事能力があっても，社内の責任ある業務には就けない。

また，もともと賃金水準の高い大企業の高年齢労働者の雇用期間をさらに延長することで，そうでない中小企業の労働者との賃金格差をさらに広げるという問題もある。仕事能力に大きな差がある高年齢労働者が増える今後の社会では，個人の能力に応じた同一労働同一賃金への雇用改革と一体的に，他の先進国と同様に画一的な定年退職制度を禁止し，仕事能力に応じて「年齢を問わずに働ける（エイジ・フリー）」労働市場を目指す必要がある。

他方で，現行の雇用保障・年功賃金のままで単に定年制を廃止すれば，企業の人件費負担増が避けられない。また，個人の能力不足による解雇も困難というジレンマがある。結局，同一労働同一賃金の原則を徹底して年功賃金が是正され，また，解雇の金銭解決ルールが普及すれば，企業にとって年齢にかかわらず必要な高齢者を雇用することが合理的となり，欧米諸国のような年齢差別禁止の考え方が一般化することになろう。

これまで労働者を保護するためには，労働法等による政府の介入や労働組合の交渉力が主要な手段とされてきた。しかし，労働力が持続的に減少する今後の社会では労働力の売り手市場となり，労働者が賃金や労働条件の劣る企業から退出し，より条件の良い企業へと円滑に移動することが容易となる。雇用の流動化を図る働き方の改革は労働者にとっても有利なものとなろう。

コラム⑩　「40歳定年制」の考え方

高年齢者の就業を促進するために，現行での60歳が大部分の定年年齢をさらに引き上げるのではなく，逆に40歳への引き下げ論がある（柳川 2013）。これは，企業内で十分な訓練を受けられるように40歳未満の定年制を法律で禁止（現行法では60歳未満について禁止）というもので，それ以上の定年年齢であれば労使間で自由に決めればよいという点で，現状と大きな違いはない。

60歳までの雇用保障がなくなれば，雇用が不安定になるという批判があるが，必ずしも転職する必要はなく，現在の企業と再雇用契約を結ぶという選択肢が主流となろう。また，平均して20年間の仕事経験があり，さらに定年後も20〜25年間の就業期間があれば，現行の60歳定年時と比べて，より幅広い転職市場が開（ひら）けるはずである。また，その場合，個人の生産性に見合った賃金であれば，年齢にかかわらず，個人の仕事能力に応じて何歳まででも働くことができる。新卒一括採用に限定されていた大企業への就職にセカンドチャンスが生まれるとともに，子育て等で中途退職した女性の再就職も容易となる。

現行では，雇用保障のある60歳以前に退職することには大きな機会費用（辞めなければ得られたであろう年功賃金）を伴うが，それがなくなれば，40歳台のベテラン社員が，自らの仕事経験をいっそう生かせる職場を探すことや，ベンチャー企業を設立することが増えることも期待される。また，不確実性が高まる経済環境の下で，将来の雇用保障や高い賃金という曖昧な約束で，若年者を低賃金で雇用することも困難となり，年功賃金制度も大きく修正される。

他方で，厳しい受験競争を勝ち抜き，大企業への就職という人生のゴールに到達しても，雇用保障という「仕事が十分できない場合にも解雇されないための雇用保険」の期間が半減する。それだけ，有名大学の学歴の価値が低下し，現行の受験本位の学校教育を正常化させる方向への第一歩ともなろう。

日本の労働市場では，長期雇用と年功賃金の雇用慣行が，大企業だけでなく，中小企業にも程度の差はあっても市場全体に広がっている。これは過去の高い経済成長とピラミッド型の人口構成の時代には，企業内での長期的な熟練形成を行うためによく機能したシステムであった。しかし，1990年代以降の長期停滞期には，それにこだわることの社会的コストが高まっている。これは，①経済成長の大幅な減速の下で，正規社員の雇用を守るために景気変動の緩衝弁となる非正規社員の持続的な増加，②大企業の雇用保障や年功賃金制度と一体的な60歳での画一的な定年退職，③女性の社会進出の下で，暗黙の内に専業主婦を前提として成立していた世帯主の雇用慣行との矛盾の高まり，等である。また，正規社員の雇用機会が増えない中で，日本の雇用慣行を維持するための新卒一括採用慣行は，就職活動や受験競争の激化など，教育市場に大きな影響をもたらしている。

今後，労働力が傾向的に減少する中で，貴重な若年者，女性，高齢者の人材活用のためには，経済社会の変化に対応しない，日本型の雇用慣行を「良い働き方」として保護し，それ以外の多様な働き方を規制している労働法制等の抜本的な改革が求められている。

第 **11** 章

社会保障と税の一体改革

消費増税・一体改革関連法案が可決された参議院特別委員会　2012 年
時事

民主党政権時に，与野党の三党合意に基づき2012年の国会で成立した，社会保障と税の一体改革関連法案では，赤字国債（国債のうち，社会資本形成のための建設国債以外のもの）の解消を目指して消費税率の5%から10%への引き上げを定めた。これは財政の健全化を重視した最後の政権となったが，その与野党合意に基づく消費税率の引き上げには第2次安倍政権時の2019年まで長い時間を要した。また，消費税増税と一体的に行われるはずであった具体的な社会保障改革も先送りされてしまった。

年金制度については，世界でもトップ水準の長寿社会に対応した長期安定・持続性を維持するための改革は十分ではない。世代間の給付と負担の格差改善のための年金支給開始年齢の引き上げと，働き方の異なる女性の間の年金権のアンバランスの解消が，最も大きな争点となる。

医療・介護保険の給付費は，今後の「高齢者の高齢化」に伴い，年金以上の速度で高まることが見込まれているが，一体改革の論理を実現するためにも，世界に例の少ない患者による医療機関への無秩序なフリーアクセス原則を修正し，欧米型の家庭医による診断を原則とする。それによって，長年の課題である病院と診療所との，競合ではなく効率的な連携関係が可能となる。

少子化対策の基本としての保育は，待機児童対策だけでなく，従来の児童福祉から保育サービスへの転換が必要である。国民生活の最後のセーフティーネットとしての生活保護制度は，必要な人々が必ずしも受給できない一方で，保護の対象となるとそこから抜け出せない「貧困の罠」の改善等の改革が急務とされている。「入りにくく，出にくい」という現状を，「入りやすく，出やすい」仕組みへの改革が必要とされる。

11.1 社会保障の給付と負担のギャップ

日本財政の基本的な問題は，社会保障の給付と負担とのアンバランスにある。社会保障給付は人口の高齢化に伴って持続的に増える一方で，賃金に比例した社会保険料収入は，バブル崩壊後の長期経済停滞の下で，1990年代央からほぼ横ばいを続けている。2010〜20年の年平均社会保障給付額（116兆円）と社会保険料収入額（66兆円）の差（50兆円）は国の一般会計からの移転で賄われている。この結果，社会保障収支の赤字分を埋める国の一般会計からの財政移転（社会保障関係費）は急速に膨れ上がった。しかし，一般会計でも経済の低迷で所得税や法人税の税収の停滞から赤字であることに違いはない。

このため，コロナ危機対策で大幅な歳出増となった2020年までの社会保障収支は，同時期の国債発行額（46兆円）にほぼ対応しており，これが一般会計の赤字拡大と国債残高が累積したことの大きな要因となっている（図表11-1）。このように日本の社会保障費は，もっぱら借金で賄われていることが，日本財政の不都合な真実と言える。

本来，国債という国の借金で賄ってよいものは，将来に資産として残る社会資本形成のための公共投資のみである。現世代の消費である社会保障給付を賄うために借金を積み重ねることは，世代間の公平性を損なうだけでなく，社会保障制度自体の

図表 11-1　社会保障給付と負担の推移

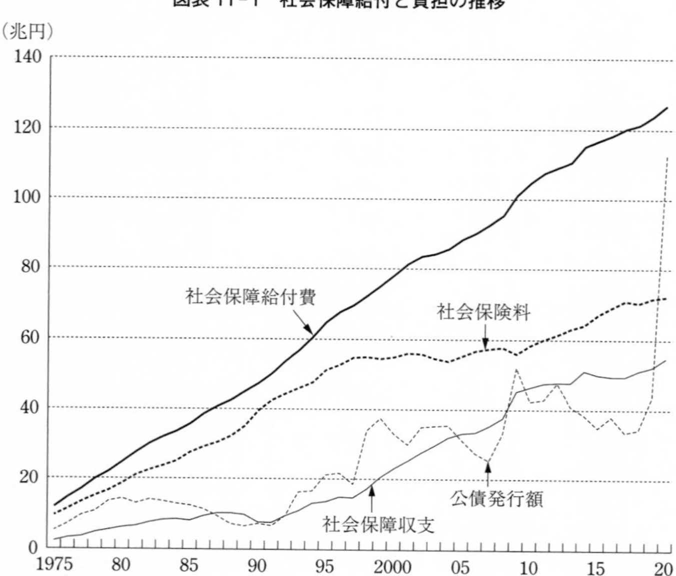

(出所) 社会保障・人口問題研究所『社会保障費用統計』, 財務省資料。

持続性を危うくするものと言える。この現行世代の消費に向けられる社会保障給付財源の負担は, 同一世代内で賄うことという財政法の基本原則が, 長期にわたって損なわれてきた。

11.2 財政再建の必要性

財政再建が必要であるとしても, それは社会保障費以外の経費を抑制すればよいという主張もある。これについては, バブル期末期で税収が豊かで赤字国債の発行額がゼロであった

1990年度と比べて，国の一般会計支出は2022年度（予算ベース）では41兆円増加している。このうち，社会保障給付費の増加分は25兆円と，過去の借金支払いのための国債費（10兆円）と臨時的なコロナ対策費（5兆円）を除いた額の94％と，ほぼ全部を占めている。逆に，それ以外の公共事業費や一般行政費等は，過去30年間でほとんど増えていない。

日本の消費税率は，10％水準に引き上げられたものの，欧州諸国の20〜25％の水準と比べればまだ低く，増税の余地が大きい。しかし，急速に進展する人口高齢化の影響で持続的な拡大が見込まれる社会保障給付費自体の増加抑制が伴わなければ，「一体改革」で定められた10％水準への消費税率の引き上げによる増収分（13.5兆円）の効果は一時的なものにとどまる。

高齢化で持続的に増加する社会保障費の現状のままでは，単なる消費税の一時的な増税では不十分であり，消費税率の持続的な引き上げが必要とされるが，それでは経済への悪影響が大きすぎる。現行の社会保障制度は，過去の若年層主体の人口構造や高い経済成長を暗黙の前提として，多数の豊かな勤労世代から少数の貧しい高齢者世代への所得移転機能が重視されてきた。しかし，早くも2025年には65歳以上人口が全体の3割を超える超高齢化社会に対応した新しい社会保障制度への改革を目指すことが急務となっている。

政府による社会保障給付の見通し（2018年）では，2040年には全体で190兆円（GDP比24％）となり，そのうち，年金が従来通り4割弱を占める。しかし，2025年からの増加分で見ると，医療が42％，介護が21％と，両者を合わせて63％を占めている。これは，長期的に，医療や介護ニーズのとくに高い75歳以上の高齢者数が，今後，急速に増え，65～74歳人口を上回るという「高齢者の高齢化」の進行を反映している（前掲図表9-1）。ここで，勤労世代からの所得移転である年金と比べて，医療や介護はサービスの生産費用であり，合理化の余地は大きいと言える。

国の一般会計だけでなく，特別会計や地方も含んだ「一般政府」ベースの財政収支は，1990年初め以降，約20年間にわたって，平均6％（GDP比）の赤字の状況が持続している。この結果，政府の公的グロス債務残高（GDP比）も，1995年の88％から2021年には241％へと大幅に増加した。これは同年の米国（128％）や財政問題が深刻なイタリアやギリシャを含む欧州（116％）よりも，はるかに高い水準である（図表11-2）。

しばしば日本政府は，多額の金融資産（いわゆる埋蔵金）を保有しているために，これを活用する余地は大きいという見方があるが，債務残高から政府の保有している金融資産を除いたネットベースでも，同期間に23％から132％へと，やはり大きく増加していることに変わりはなく，いずれの指標でも，OECDの主要国の中で最悪の水準にある。さらに政府の保有する金融資産残高の大部分は，将来の年金給付に備えた積立金であるが，これ自体が将来の給付予定額と比べれば大幅な積立不足となっている。これは国債残高と比べて，明示されたものではない「隠れ債務」の一部となっている。

この要因としては，すでに見た社会保障給付の持続的な増加のほかに，公共事業費の拡大や減税等の景気対策があるが，他

図表 11-2 日本の債務残高

(1) 公的グロス債務残高（GDP 比）

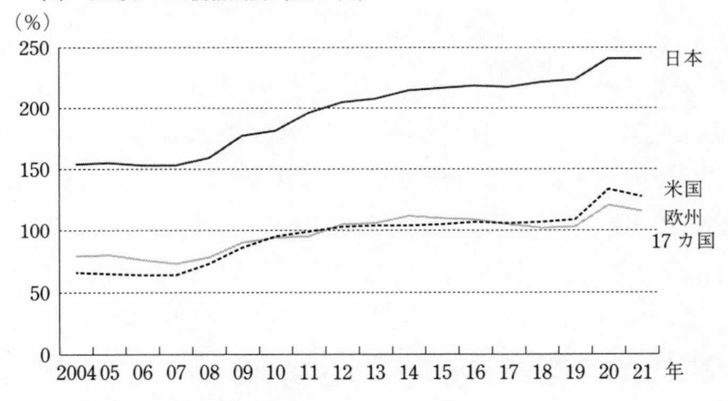

(2) 公的ネット債務残高（GDP 比）

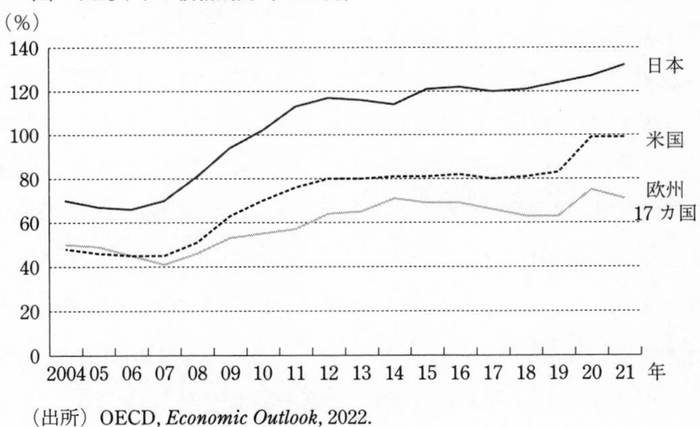

（出所）OECD, *Economic Outlook*, 2022.

方で経済活動の長期停滞による税収の落ち込みも大きい。これは，過去の高い経済成長を前提として，企業の利益に依存した法人税比率の高い財政構造にも一因がある。このため景気の局面にかかわらず，安定した財源として，他の先進国と比べて低い水準にある消費税収比率の引き上げが財政再建の基本とされている。

日本の財政が慢性的な赤字を続け，政府の債務残高が GDP の 2 倍を超える状況になりながらも，同じ財政問題を抱える他の先進国と比べて，日本の国債金利は安定的に推移してきた。この要因としては，日本の国債の 9 割は国内で消化されており，対外債務比率が低いことや，民間部門の資金が過剰で，資本市場での需給の逼迫が生じていないことなどがあげられる。しかし，国債残高が GDP 比でも持続的に高まる状況が続くと，その利払い費を調達するためにさらなる国債発行が必要となるという悪循環の状況に陥ることが避けられない。これを防ぎ，国債残高比率を GDP の一定水準で安定させるためには，いわば借金分を棚上げしたことに等しい，財政収支から国債費を除いた「基礎的財政収支（プライマリー・バランス）」の均衡化がまず，必要となる。この基礎的財政収支は，2000 年代前半の小泉政権下では縮小傾向にあったものの，その後再び拡大し，2000 年以降では平均して 6%の赤字となっている。2012 年の三党合意による「社会保障と税の一体改革」は，この均衡化を本来の目標としていた。しかし，安倍政権では，この消費税率 10%への引き上げによる増収分の約 3 割を教育無償化等の新たな支出増加に振り向けたことから，基礎的財政収支の赤字状況の改善は実質的には見送られた。

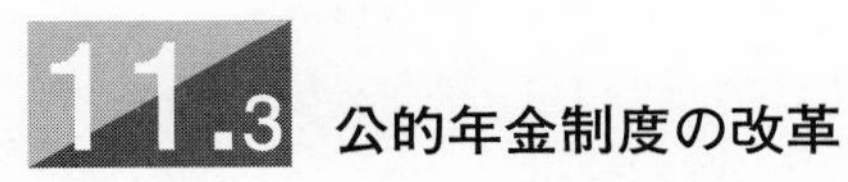

11.3 公的年金制度の改革

財政赤字や国債残高の累積と並んで重要な問題として，社会保障制度を通じた負担と給付の世代間格差がある。設立当初の日本の公的年金制度は，各世代が自らの就業期間中に保険料を積み立て，それを引退後に取り崩すことで老後生活の安定を図る，民間保険と基本的に同じ積立方式であった。ここで任意加入の民間の年金保険との違いは，20歳以上のすべての国民に加入が強制される「国民皆年金制度」にある。これは，勤労期に老後の生活資金を蓄えず，賃金収入がなくなれば生活保護制度に依存するというモラルハザードを防ぐため，賃金の一部を老後の生活資金として「強制貯蓄」させるための制度である。

現行の公的年金は，1973年に基本的な制度が確立した後，本来の積立方式から外れて，年金給付の財源をもっぱら後代世代の負担に依存する，税金と同じ仕組み（賦課方式）の部分が大きくなっている。これは主として平均寿命の伸長により，給付期間が自動的に長くなったにもかかわらず，それに見合った給付額の抑制や保険料の引き上げが政治的な理由で困難なため放置されたことにより，年金財政が悪化したことであった。この結果，年金の積立不足分が膨らみ，それがもっぱら後代世代の負担として先送りされてきた。

厚生労働省の試算によれば，2019年度末における厚生年金と国民年金の積立金合計の210兆円に対して，将来の受給資格者に対する年金債務は1320兆円で，この差額の1110兆円（名目 GDP の 199%）が純債務（積立不足）となっている（鈴木 2020）。もっとも，厚生労働省によれば，この積立不足分は，公的年金を積立方式で運営する場合に問題となるもので，「今後の毎年の収支が均衡する見通しが立っていれば，賦課方式の下でも給付に支障をきたすことはない」としている。しかし，この場合には，今後の少子・高齢化の下で年金収支を均衡させるには，後代世代の負担が持続的に高まることを意味している。

積立方式の年金制度はインフレに弱いという説明があるが，賦課方式では人口変動リスクから大きな影響を受ける。「将来人口推計（2017 年）」では，高齢者（65 歳以上）人口の生産年齢（15～64 歳）人口に対する比率は，2020 年の 49%から 2050 年の 73%まで持続的に高まることが見込まれている。こうした人口動態の下での「収支均衡」とは，勤労世代の負担が持続的に高まり，長期的に維持可能ではない。そうした事態を防ぐことが，人口変動の影響を緩和するための年金積立金の役割であった。このため積立金の不足は，財政赤字のように国会で審議されない「隠れ債務」であり，それ自体が年金制度の持続性を危うくする大きな要因であることはほとんど説明もされていない。

こうした年金財政の不均衡を改善するための手段としては，保険料・税負担の増加か年金給付の削減の二者択一しかない。このうち，保険料率の引き上げは，高い料率を長期にわたって支払う後の世代ほど負担増となり，世代間格差をむしろ拡大させる。他方で，すでに受給している世代の年金給付を大幅に削減することは政治的に困難である。このため，最も有効な手段としては，年金受給世代の人数を減らし，保険料負担世代の人

図表 11-3　男性の平均寿命と年金支給開始年齢の国際比較

	平均寿命（歳）	支給開始年齢（歳）	平均受給期間（年）	引き上げ時期（年）
日　本	80.1	65	15.1	2025
豪　州	79.5	70	9.5	2035
英　国	78.2	68	10.2	2025
フランス	78.2	67	11.2	2018
ドイツ	77.5	67	10.5	2029
デンマーク	77.3	69	8.3	
米　国	76.2	67	9.2	2027

（出所）OECD, *Pension Outlook*, 2012 ほか。

口を増やす効果を持つ，年金支給開始年齢の引き上げがある。かりに，平均寿命の伸びに連動して年金の支給開始年齢が自動的に引き上げられれば，高齢化の進展にかかわらず年金収支の均衡は原則として維持される。

OECD 諸国の年金支給開始年齢を比較すれば，日本の現行の 2025 年に 65 歳への引き上げ予定は，67〜68 歳が大部分の他の先進国と比べて，相対的に年齢の若い時期であり，平均した年金受給期間が男性で 15 年と他の先進国平均の 10 年間と比べて著しく長い期間となる。このため世界の最長寿国であることを考慮すれば，日本もほぼ同じ平均寿命の豪州にならって 70 歳までの引き上げが必要とされる（図表 11-3）。これは，年金支給開始年齢の引き上げ前と比べて，生涯に受給できる年金給付額の削減という批判が生じるが，正確には，平均的な寿命の伸長で自動的に増える個人の生涯年金支給額を，後の世代の負担増にならないよう調整する中立的な仕組みと言える。

図表 11-4　専業主婦と共働き世帯の推移

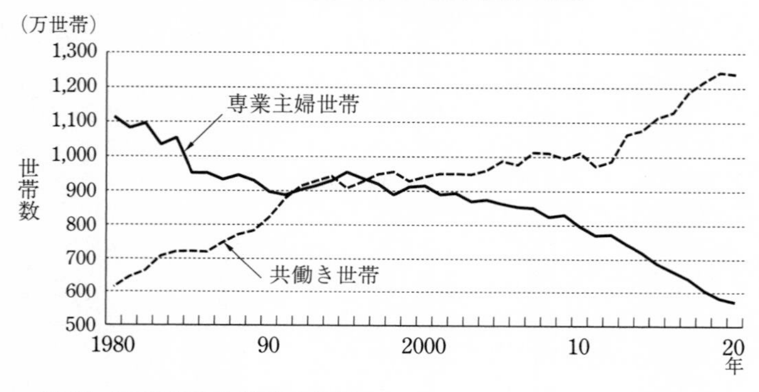

(出所) 総務省統計局『労働力調査』。

第二に，世代内の給付と負担の公平性の問題として，個人として独自の保険料なしに満額受給できるサラリーマンの配偶者（第三号被保険者）の基礎年金の見直しである。これは専業主婦世帯が大部分であった過去の時代に形成されたもので，世帯主の保険料で配偶者の年金も合わせて賄うという家族単位の仕組みとなっている。しかし，同じ給与の世帯主と単身者や共働き世帯とを比較すれば，同じ保険料で専業主婦世帯は2人分の基礎年金を得ることになる。1980年以降では，すでに共働き世帯が専業主婦世帯よりも多くなっており，相対的に世帯主の所得水準が高い専業主婦世帯を優遇する現行制度の公平性が問われている（図表11-4）。他方，こうした専業主婦への優遇措置は，それが年間130万円の収入を超えて働くと失われ，自ら保険料を負担する義務が生じるため，就業する場合にその範囲内に賃金を抑制する効果が生じる。今後，労働力の減少が大きな問題となる日本で,「働くことが不利になる」仕組みは撤廃する必要がある。かりに，この第三号被保険者を廃止し，専業主婦を自営業と同様に，保険料が義務付けられる第一号被保険者に転換すれば，保険料の課税ベースが拡がる一方で，専業主婦世帯の給付額は変わらないことから，年間2兆円弱の収支改善効果もある。

第三に，年金の強制貯蓄機能の低下である。保険料を賃金から天引きされる会社員を対象とした厚生年金・共済組合と異なり，自ら保険料を納付する自営業者等の国民年金では，実質的な強制力を欠くことから保険料の納付率が持続的に低下する。この納付率は2021年では66%となったが，このうち，保険料完全免除・猶予等を除いた実質的な納付率は支払い義務者の40%程度にとどまっている。それにもかかわらず，国税と比べた社会保険料の徴収体制は，不払いが時効になるまでの期間が2年と短いことや，税金のような未納付に対する加算金が事実上用いられていないことなど，保険料を確実に徴収できる仕組みとなっていない。

これは保険料を支払わなければ将来年金がもらえないだけで，年金財政には中立的という論理に基づいている。しかし，国民年金の被保険者で保険料を負担しない人の比率が高まれば，すでに1000万人に達している国民年金受給者の費用を誰が負担することになるのか。それは，事実上，基礎年金制度を通じて，保険料が強制徴収される会社員に押し付けられる不公平な仕組みとなっている。また，強制加入を原則とする社会保険にもかかわらず，その実効性を欠く現状を放置することは，引退後に年金収入がなく，生活保護に依存する人々が増加し，社会保障制度全体としての負担増となるリスクを無視したものとなる。

また，国民年金の未加入者の増加よりも深刻な問題が，厚生年金の対象事業所の適用漏れである。小規模の事業所では，会社ぐるみで未加入となっており，その雇用者は無年金となる可能性が高い適用もれ事業所の比率は約30％との調査（総務省 2006）もあった。

これらの諸問題を解決する切り札は，基礎年金の財源を，強制的な徴収力を欠く社会保険料から，消費税の一定税率に置き換える目的消費税方式である。旧民主党の掲げた消費税を財源とする最低保障年金はこれに近い仕組みであった。かりに，現行の定額の国民（基礎）年金保険料の代わりに，世帯の消費額に比例した「年金目的税（仮称）」を消費税の一定比率として課せば，個人や事業所の保険料未納は一掃される。また，現行の国民年金の保険料は，個人の所得水準に関わらない定額（2022年度で月額1万6590円）であり，低所得者の負担が大きい。これが消費額の一定比率となれば，所得税に近くなり，負担の逆進性は大幅に緩和される。また，これまで負担を免れていた第三号被保険者も，消費税の形で自動的に負担することになる。

さらに，現行方式の下では，女性は学卒後に会社員（第二号被保険者），結婚して専業主婦（第三号被保険者），世帯主が自営業になれば家族従業者（第一号被保険者）と，働き方が変わるたびに社会保険事務所へ届け出をしなければならず，それを知らなければ無年金者となってしまう。この女性の年金権の問題も解消され，年金の事務手続きも大幅に簡素化する。

急速な高齢化が進行するにもかかわらず年金制度の改革は進まず，ひたすら将来世代に負担の先送りを続けているのが日本の現状である。

11.4 医療保険の改革

医療保険の給付費は，疾病リスクの高い高齢者の増加に比例して増えるが，これに加えて医療の技術進歩によって高額の医療機器や新薬が次々と開発されることでも拡大する。人々の命に関わる医療費を経済の論理で制限できないと言われるが，疾病構造も変化しており，結核等の感染症が大幅に減少する一方，生活習慣病が大部分を占めるようになっている。医療費の際限なき増加を，少なくとも経済成長による所得増加の範囲内に抑制する必要がある。このためには以下の点が重要となる。

第一に，医療サービスの効率的な配分のための，感染症や急性症への医療資源の集中投入である。救急患者を受け入れる病院の病床が満杯なために患者がたらい回しされ，みすみす救えるはずの命が失われるような事態は避けなければならない。病院を救急患者の確実な受け入れをはじめとする急性期医療に重点化し，それ以外の患者を介護施設と在宅医療へシフトすることは，長年の課題である。これは，長期入院による患者の生活の質の低下，および医療費の増加，等の改善にも結び付いている。印南（2009）の推計では，社会的入院患者（65歳以上で約32万人）の医療費（2.5兆円）から，これらの要介護者を受け入れる介護施設の費用を差し引いても，約1.5兆円の医療費の削減

コラム⑪　税方式と社会保険料方式の違い

現行の国民（基礎）年金の保険料は，自営業者等については個人の所得が補足でき難いことから定額負担とされている。これは，税の内でも最悪の「人頭税（1 人当たり均等な税）」に等しく，低所得者ほど実質的な負担が大きくなる。この国民年金保険料や，厚生年金保険料と一体的に徴収されている基礎年金保険料を廃止し，基礎年金に使途を限定した「目的消費税」に代替する構想がある。これは同じ税金でも，所得税や法人税も含む一般財源を年金の財源に充てる伝統的な「税方式」とは異なり，「(広義の）給付と負担の均衡」を原則とする現行の社会保険と同じ方式である。

現行の社会保険料は，社会保険給付の対価としての負担を国民に求めるもので，例えば道路財源のためだけに用いられるガソリン消費税と共通している。日本と同じ年金制度を持つ米国では，国税庁に当たる組織が所得税と一緒に「社会保障税」を徴収し，それを社会保険庁に当たる組織に渡す仕組みとなっている。これは所得税と社会保険料を別々の組織が徴収する日本の行政機構よりもはるかに効率的な仕組みである。本来，社会保障目的税は，個人の所得に課される社会保険料と同じ機能を持つが，違いは所得にほぼ比例する消費額に対する課税であり，定額の国民年金保険料よりも逆進性は小さい。また，20 歳以上で国内に居住した期間が保険料の拠出期間となり，制度の移行時には，個人の過去の保険料納付記録とリンクすることで，保険料を支払った者が損をすることにはならない。基礎年金保険料に相当する消費税率は 2007 年で 3.5％に相当するとされている（社会保障国民会議 2008）が，これは増税ではなく，それまで負担していた基礎年金（国民年金と厚生年金の一部）の保険料がなくなるために国民の純負担額はゼロである。それにもかかわらず，消費税の一部の年金目的税化に対する反対論が大きく，先送りされている。

が可能としている。「介護的医療」や終末期患者について，入院診療の対象から外し，介護保険による訪問看護と民間介護サービスに委ねるなど，医療と介護との適正な役割分担の実現のためには，介護サービス市場の発展が必要である。

ここでの在宅医療には，終末期医療も含めて考える必要がある。1970 年代には，ほぼ拮抗していた病院と自宅での死亡場所が，2009 年では病院が 9 割で自宅は 1 割と大きな差がついている。とくにがん死亡では病院での死亡が 93％になっている。これらの患者の死亡時には，化学療法や放射線療法等，苦痛を伴い，かつ高額な先端医療による治療を受けている場合も少なくない。これを，患者の事前の同意を得て，麻酔医や鍼治療，宗教家も含めたチーム医療で緩和ケアを行うことを主体とする考え方もある。現行制度では，医師が患者の治療行為を中止する要件として，「その時点で中止を求める患者の意思表示の存在」という，かなり高いハードルが課されている。北欧では，虚弱高齢者が，自ら食事ができなくなった場合には，経管栄養は行わないとされている（池上 2010）。これは末期患者については，ホスピスを原則とし，医療保険だけでなく介護保険の対象としても位置づけることが前提となる。

第二に，混合診療の活用である。医療の需要面の改革の大きな柱として，同一の診療行為について，保険診療と私費とを自由に組み合わせる「混合診療」の適用拡大がある。現行法では，同一の診療行為について，すべての診療費を公的保険の範囲で行うか，または全額私費かの二者択一で，それらの併用は例外的にしか認められない。これは保険でカバーされていない診療費を負担できる患者とそうでない患者との格差が生じ，国民皆保険の原則に反するためとされている。しかし，その結果，保険診療費も含めた医療費全額を負担できる高所得の患者と，保険でカバーされていない部分だけであればともかく，治療費の全額は負担できない大多数の患者との格差は放置されたままである。医療の技術進歩は日進月歩であり，海外では普及していても日本では保険適用されていない新薬や医療技術は少なくない。最新の医療技術のすべてを直ちに日本の保険診療の対象とすることができない以上，基礎的な医療技術・医薬品を対象とした公的保険と，それに上乗せする私的医療との自由な組み合わせを容認することが現実的な対応と言える。この混合診療を活用した新しい医療技術や医薬品の実績を評価して，個々に保険適用の是非を決めることが，財政制約の下で国民皆保険体制を維持するための現実的な手法となる（八代 2022）。

第三に，医療保険から医療機関への支払い（診療報酬）方式を，現行の出来高払いから包括払い方式への変更することがあげられる。日本の診療報酬は，原則として医師の診断，検査，投薬等の医療行為や医薬品に一定の価格をつけ，それを積み上げた額が医療機関の収入となる「出来高払い」方式である。この方式では，医療費が増えるほど，その一定比率で医療機関の利益も増えることからコスト制約へのインセンティブが働きにくい。これに対して，特定の疾病ごとにその標準的な治療費を定める包括払い方式では，実際の治療コストが低いほど医療機関の利益が増えるため，効率的な治療が実施されるインセンティブが働きやすい。

1　家庭医の活用

これらの医療改革のカギとなる政策としては，初期診療を担う家庭医（総合診療医）の普及がある（葛西 2013）。日本の高齢者の医療費が多いことのひとつの要因が，複数の疾患を持つ高齢者に対して総合的な診療を行う機能が不足していることが指摘されてきた。ここでの「家庭医」には，以下のような3つの機能が求められている。第一に，病気になってから近くの医療機関に飛び込むのではなく，平時から医療サービスの提供者との信頼関係を築き，普段からの健康維持と治療とのバランスの良いケアを行うもので，英国，オランダ，カナダ等の「家庭医」に相当する機能である。これは，日本の現状のように，患者が体の不調を感じた際に，自らの素人判断で耳鼻科や泌尿器科等，臓器別の開業医を受診するのではなく，身体全体の疾患を総合的に判断できる家庭医を，まず訪れる仕組みである。そのため家庭医には，小児健診・予防接種，妊産婦の定期健診や産後ケア，成人や高齢者の疾病への対応や，終末期の看取りも含めた総合的な技能が求められる。OECD の *Health Statistics*, 2021 による家庭医の医師全体に占める比率は，フランス，オーストラリア，カナダで約4割，英国，オランダ，ドイツで2〜3割となっているが，日本では統計自体がなく，空白となっている。この家庭医の育成が，医療の質向上と，重複診療等による検査や医薬品の無駄を防ぐための切り札となる。

家庭医には，病院の分野別の専門医との連携を通じて，患者を適切に紹介するとともに，在宅復帰を支援する役割がある。欧州の家庭医は，初期治療だけでなく，患者の必要度に応じて，専門医や高度機能病院への振り分けを行う「ゲートキーパー(門番)」の役割を果たしている。この家庭医の機能が十分に果たされれば，患者が大病院の外来に集中する現状を改善し，病院と診療所の間の機能分担を明確化することに結び付けられる。家庭医の質では世界のトップレベルのオランダでは，国全体の医療費の7％で患者の93％に対処しているとされる（井伊 2011)。日本でも，長期的に家庭医を地域住民1000人に1人の割合で配置し，これと病院と連携した各診療科の専門医との2種類の医師に分けることで，患者の満足度の高い医療を，現行よりも少ない医療費で達成することは十分に可能とされる。

2　再生医療

山中伸弥教授の2012年度ノーベル賞受賞で，iPS細胞を中心とした再生医療の製品化が促進されることが期待されているが，かりに豊富な資金があっても解決できない「治験の壁」という大きな制約がある。また再生医療は，個人の細胞を用いて自らの疾病に対処する，オーダーメイド性の高い治療法であるが，こうした技術革新に現行の薬事法が対応できていない。現行薬事法では，再生医療製品は，医療機器と医薬品のいずれかに分類されるが，不特定多数の人が服用し，副作用のリスクがある一般の薬と同じレベルの厳格な審査の対象となっているため，承認までに長い時間がかかる。また，現行医師法では，医薬品はどの医師でも使えることが前提となっているが，高度の知識を必要とする再生医療の場合には特定の資格を持つ医師に限定することも必要である。

これに対して，欧米だけでなく韓国でも，再生医療について，医薬品とは異なる基準を設けて審査するファースト・トラック制度を採用しており，先端医療医薬品として位置付け，審査の迅速化等，再生医療の実用化を促進する取り組みが行われている。こうした医療機器や医薬品とは異なる第三分野として再生医療を位置付け，産業として発展させるためには，従来の薬事行政の枠を超えた大胆な取り組みが必要とされる。安倍政権の「日本再生戦略」でも再生医療を成長分野のひとつとして位置付けているが，厚生労働省主体の制度改善にとどまれば，その発展には限界がある。

再生医療に限らず，日本の製造業の国際競争力が高い中で，医薬品や医療機器分野だけが著しく遅れている。これは公的保険の枠内で，事実上，製品価格を政府が決めるという厚労省の統制経済の弊害がある。またそれだけでなく，許認可当局の審査体制の未整備，とくに人員不足や専門的知識の不足による面が大きい（長坂・小澤・中園 2011）。医学分野の基礎研究での日本の高い技術力が製品開発に結び付かない行政の制約を改革しなければ，医療が成長産業として発展することは困難と言える。

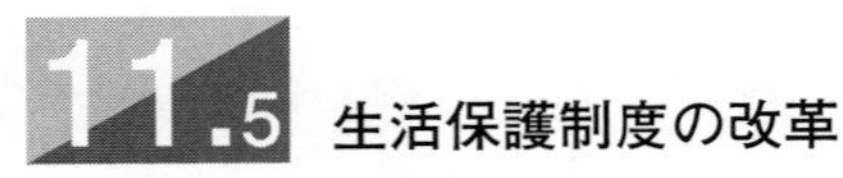

11.5 生活保護制度の改革

生活保護制度は，国民の最低生活を保障するための「最後の手段」であり，生活が困窮した理由，たとえば就労時に年金保険料を支払わなかったために国民年金を受け取れない等の過去の行動を問わない仕組みである。本人の申請に基づき，その所得・資産や民法で定めた扶養義務者の経済状況についての審査が前提となる。保護の内容は，基本となる生活扶助のほかに，必要に応じて住宅，教育，医療，介護ほかの扶助を含めた最低生活費であり，この水準は地域や家族の構成に基づいて定められる。

生活保護の受給者の比率（保護率）は，戦後，持続的な低下傾向にあったものの，経済の長期停滞等を反映して 2000 年頃を境に上昇に転じ，2021 年度では 164 万世帯（全世帯の 3％弱）となっている。このうちの 56％を高齢者世帯が占めていることから，今後，高齢化の進展とともに増える可能性が高い。また，生活保護費の半分強が，一般の場合には医療保険でカバーされる医療費に相当する医療扶助となっている。

生活保護制度は，国が定めた基準に基づき，給付事務を地方自治体が担うもので，国は給付額の 75％を負担している。しかし，こうした二重行政が，給付漏れと濫給の併存等の大きな要因になっており，国から地方への行政権限の委譲と補助金の一般財源化が長らく議論されてきたが，いまだに実現していない。生活保護行政は対人サービスの非定型業務であり，現場の裁量が求められる。また，貧困の原因もさまざまであり，公共職業安定所等を通じた就業支援や地域の多様な福祉サービスとの連携が，自立支援に効果的とも言われる（阿部ほか 2008）。このためには，国の公共職業安定所等の就労支援業務も，地方自治体に委ねることが，国と地方との役割分担の効率化にとって望ましい。他方で，最低生活保障が必要な対象者に十分な給付を行うためにも，一部の不正利用者に対する自治体の取り締まり権限の強化が必要とされる。

生活保護給付水準は，しばしば最低賃金と比較される。最低賃金で毎日8時間，週5日働いた場合，月収から社会保険料などを差し引いた手取り所得より，単身者の生活保護支給額が多い「逆転現象」が一部の都道府県で生じると，その解消が政策課題とされる。これは，働かない生活保護受給者の所得が，最低賃金で働く労働者より多ければ勤労意欲が失われると考えられるためである。

しかし，最低賃金と生活保護の水準を単に比較することは，本来妥当ではない。賃金は家計所得の一部にすぎず，世帯主に扶養され，社会保険料も払っていない主婦や学生が一時的に働く際の賃金は，生活保護水準とは無関係である。またかりに，最低賃金で働く世帯主（単身者含む）の所得が不足するなら，その差額を生活保護に求めるという補完的な関係が，生活保護制度の本来の姿である。

生活保護で就労意欲が損なわれないためには，「働くことが損にならない」仕組みが必要である。ひとたび生活保護を受けると，努力して働いても，稼いだ賃金の額に比例して保護費が減らされる。これは「最低生活水準の保障」という生活保護制度の趣旨からはやむをえないものであるが，その結果働く意欲が失われ，保護された状況から脱出することが困難な「貧困の罠」に陥ってしまう。

これを防ぐために，生活保護受給者が稼いだ賃金の半分程度に保護費の削減額を抑制することで，働く意欲を阻害しない仕組みが必要となる。これは生活保護給付を「（実際には支払っていない）所得税の還付」と見なす，「給付付き税額控除」として提言されている。個人の所得に応じて負担する所得税の仕組みを，そのまま一定水準以下の所得について「負の控除（＝給付金）」として拡大するもので，古くからミルトン・フリードマン（M. Friedman）により提唱されてきた「負の所得税」の現代版である。

これは，所得税の支払いの際に一定額の税額控除があるように，所得ゼロの最低生活費（生活保護基準）を負の税額控除と見なす。ここで受給者が就労して賃金を得た場合に，これまで得ていた給付（負の控除）が徐々に減額され一定の水準でゼロとなり，さらに賃金が増えると普通の所得税の税額控除に接続する。この方式の利点は，低所得層への給付を中高所得層への所得課税と結び付けることで，就労意欲を著しく損なわないことにある。しかし，所得税を所管する財務省と福祉担当の厚生労働省の省庁間の縦割りの壁に阻まれて実現していない。

生活保護費には，十分な所得があるにもかかわらず受け取る不正受給の問題があるが，とくに保護費の半分以上を占めている医療扶助での不適切な出費が指摘されている。これは一般の医療保険と異なり利用者の自己負担分がなく，また診療内容をチェックする保険者もいないため，使い放題となっている可能性もある。この簡単な解決策としては，医療費を医療扶助として，福祉事務所から支給されている現行の仕組みから，受給者を地域住民対象の国民健康保険の被保険者として加入させ，必要な社会保険料等を扶助費に加えればよい。これは介護保険では，すでに実施されている仕組みであるが，低所得者が増えれば，国民健康保険の財政がさらに悪化するという目先の反対論で頓挫している。生活保護制度は社会保障制度の根幹であり，高所得層からの所得分配の受け皿として重要な役割にもかかわらず，年金や医療保険のように大きな関心を持たれていないという現状の改革が必要とされる。

11.6 介護サービスの市場化

団塊の世代が75歳前後に達する2025年以降，介護サービスへの需要は急速に高まることが必然となっている。75歳以上人口の比率は，2000年の7%から2020年には15%に倍増し，2030年には19%と，さらに高まることが見込まれている。これには単に高齢者の人口が増えるだけでなく，要介護者に認定される比率が年齢とともに高まり，65～74歳層の4.2%が，75歳以上では29.4%と，約7倍となるためだ。このうち，重度の寝たきり・認知症高齢者は6割を占め，介護保険財政を大きく圧迫する要因となる。

今後，親子の同居率は持続的に低下するとともに，共働き世帯や高齢者の単身世帯比率が高まることから，家族による介護機能はいっそうの低下が見込まれる。他方で，高齢者世帯（世帯主が 65 歳以上）の平均年間所得は 313 万円（世帯平均 552 万円）で，世帯員 1 人当たりでは 201 万円（同 222 万円）と世帯平均と大差ない水準となっている（「国民生活基礎調査（2019 年）」）。また，平均した持ち家率は 9 割超で金融資産保有額は 2300 万円となっている（「家計調査（2019）」）。高齢者世帯間の格差は平均よりも大きいものの，戦後生まれの団塊の世代が本格的な引退期を迎える 2020 年以降は，潜在的な購買力の大きな高齢者市場の拡大が見込まれる。

「税と社会保障の一体改革」では介護分野について，①介護保険料の総報酬制（賃金だけでなくボーナスも含めて徴収）等，支払い能力に応じた負担の強化，②低所得者への配慮，③保険給付の介護予防への重点化，等の基本方針が示されているだけであった。しかし，これらはいずれも，介護の現場で大きな問題となっている介護労働者の不足に十分に対応したものではない。この背景には，高齢化による介護サービス需要が増加する反面，財政面の制約に基づいた介護報酬単価の引き下げ等により供給が抑制されたことがある。また，労働力需給が逼迫すれば，いっそう介護労働者が他産業へ流出する可能性が大きいことは，過去の好況期の経験からも明らかである。これは，本来，市場の需給で決まる介護サービス価格を，公的保険給付と一体的な公定価格として定めているという現行の仕組みに，より大きな問題がある。

2000 年に始まった介護保険制度は，最も新しい社会保険として，さまざまな工夫がなされてきた。それまでの高齢者福祉制度は，家族により介護されない一部の低所得高齢者を対象に，市町村が高齢者のニーズを判断し，介護サービスを提供する事業者を割り当てる措置制度であった。これを一般の高齢者を対象とした，公共性の高いサービスとするために，需要と供給の両面からの改革が行われた。

まず，需要面では，高齢者の介護サービスの購買力を介護保険給付で保障するとともに，認定された要介護度に応じた介護報酬の上限が定められた。この範囲内で，介護サービスの利用者自身が，事業者を自由に選択できることになった。これは従来の高齢者福祉では，民間の介護事業者は自治体からの委託を受けており，要介護者には選択権がなかったことと対比される。また，介護保険では，医療保険の対象外とされている生活保護受給者も含まれ，介護保険料を扶助されることで介護保険の被保険者となった。

供給面では事業者間の競争を通じたサービスの向上を図るため，特別養護老人ホームを除き，民間企業の自由な参入を認めたことも医療保険との大きな違いである。もっとも，同じ介護サービスを供給しているにもかかわらず，補助金や税制上の大幅な優遇措置を受けている社会福祉法人と民間企業との間の「競争条件の不均衡」はいぜんとして残されている。お客に選ばれることで初めて利益を得られる民間企業と，非営利というブランドを持つ社会福祉法人が，介護サービス市場で対等に競争することで，介護サービスの量的拡大と質の多様化が実現すると言える。

介護保険では，医療保険とは異なり，利用者が追加費用を負担すれば，認定された介護報酬の上限を超えて在宅介護サービスの回数を増やすことや，他のサービスと組み合わせる「混合介護」は原則自由である。ただ，介護保険法自体では何ら規制されていないにもかかわらず，利用者が質の高いサービスを購入するために，事業者に介護報酬単価を上回る価格を払うことが，事実上禁止されている。その意味では医療保険と同様に，政府が介護サービスの公定価格を定めていることになる。しかし，介護サービスが健全な産業として発展するためには，サービスの量的な拡大だけでなくその質的な向上も不可欠であり，そうした面にこそ民間事業者の創意工夫が生かされる。介護サービスの質は，行政ではなく市場の評価に委ねることが望ましい。

これは医療保険改革の大きなテーマである混合診療と同じ発想であるが，医療の質について患者が十分な判断能力を欠くという問題は介護には当てはまりにくい。また，医療に比べて事業者の新規参入が自由な介護市場では，事業者間の談合でサービス価格が吊り上げられる危険性も乏しい。もっとも，僻地や離島など介護サービス事業者が限られた地域等では，介護報酬だけで賄える基礎的なサービスを，一定割合だけ提供する「供給義務」を課すことも考えられる。混合介護は，利用者にとっては介護サービスの多様化になるとともに，介護労働者の報酬引き上げで，サービスの質の向上へのインセンティブともなる。高齢化の進展で介護保険財政が逼迫する中で，介護労働者不足を克服するための手段として，「価格面での混合介護」の容認は，介護サービス市場発展の有力な手段となる。

日本の伝統的な家族介護は，その担い手である子ども世帯が，老親の所有する住宅等の資産を相続する対価としての「暗黙の契約」と見ることができる。しかし，親子が別の地域に居住し，また女性の社会参加の高まりにより，そうした前提条件は大きく変化している。これに対応して「介護の社会化」を目指した介護保険も，その実態は，家族介護への支援という段階にとどまっている。これは在宅介護と比べて，特別養護老人ホーム等の施設介護は高コストとなるため，介護保険を運営する市町村では施設介護を抑制する方針であり，現状のままでは供給不足はいっそう深刻なものとなる。

家族が自ら保育を行うことを前提とした公的な育児支援と異なり，介護保険では，家族自身ではなくサービスを外部から購入することが，その本来の姿である。そのための費用として，介護保険に加えて高齢者の財産を充てるという仕組みが構築されれば，高齢者やその家族にとっての選択肢が広がることになる。高齢者にとって，住み慣れた自宅に住み続けながら，それを担保にした銀行借り入れにより資産価値を流動化させる手法としての「逆住宅ローン（reverse mortgage）」は長らく提唱されてきた。しかし，この場合，一戸建て住宅の資産価値の評価が困難なことや，契約者の死亡後の遺産相続面での紛糾等が大きな問題となっている。また，それと代替的な民間の有料老人ホームは，住宅サービスと終身介護サービスを一体化した仕組みであるが，多額の入居金を要することや，重度の要介護度になった場合の対応，また，かりに利用者が契約を解消しようとした場合に大きなコストがかかることが問題となっている。

これに対して，介護施設の住居と介護の機能を分離することで，在宅介護に一本化するという考え方もある。最近のマンション形式の「介護サービス付き高齢者向け住宅」のように，一階に診療所や介護サービスステーションを設け，看護師や介護士がエレベーターで高齢者の住宅を訪れる仕組みには，多くの利点がある。これらの利点とは，①高齢者の住居は自宅（持ち家・賃貸）であり，居住権は確保されていること，②土地比率の小さな集合住宅の資産価値は安定しており，その評価も容易なことから，逆住宅ローンを活用しやすいこと，③施設介護と比べて介護サービス事業者の選択肢が広がること，等である。

また，地域に分散している一戸建て住宅を，ホームヘルパーが個々に訪問することに比べて，移動時間の少ない高齢者の集合住宅では介護サービスの生産性は高い。こうした実質的に施設介護に近い内容の在宅介護サービスを担う企業の育成と，高齢者の財産管理・運用業務，および逆住宅ローン業務を一括して行うことは，地方銀行にとっても将来の発展分野であり，高齢化社会に安心を提供する社会的な貢献ともなる。

急速に進む人口の高齢化は，財政にとっては医療や介護費用の負担増を意味するが，民間企業にとっては確実に需要の増える有望な成長分野でもある。これらのサービス活動を，単に規制で封じ込めるのではなく，健全な事業者を育成するためのルール形成が真の一体改革と言える。

保育サービス産業の発展

保育と介護は，いずれも家庭内で行われる活動と見なされており，児童や高齢者を扶養する家族がいないか，生活の必要性から家族が就労することで対応できない場合に「児童福祉や高齢者福祉」として，公的に提供されてきた。これが2000年の介護保険法の成立で，高齢者の介護が企業等による市場サービスとされた一方で，児童の保育は，市町村がその必要性を認定し，認可保育所を指定する旧来の措置制度のままとなっている。こうした中で，女性の社会進出が高まり，保育サービスへの需要が増えるとともに，都市部では認可保育所の不足が生じる一方で，郡部では子ども数の減少から保育所の定員割れがあるなど，地域間でのミスマッチが生じている。

これは認可保育所の設置主体の40%が市町村により設立されたもので，民間経営主体の内，社会福祉法人が53%で，企業による経営は5%にすぎない。これは民間企業が自由に参入できる通所介護事業では51%を占めていることと対照的である（2019年）。

保育政策の大きな政策課題として，都市部における保育需要の高まりに供給が追い付かず，認可保育所に空きが出ることを待っている待機児童の解消がある。これは2017年の2.1万人から，保育所定員数の拡大から徐々に減少し，2021年にはコロナ危機の影響もあり0.6万人と大幅な減少となった。しかし，待機児童さえ解消すれば日本の保育問題がなくなるわけではない。

現行の待機児童の解消という政策目標は，保育を限られた数の受益者を対象とした「福祉」の枠内に縛られたものと捉えている。しかし，保育サービスの利用児童数は，現在の 274 万人（2020 年）に限定されるわけではない。幼児教育の必要性が高まる下で，これを幼稚園も合わせた就学前児童数（573 万人）の全体を対象とした公益性の高いサービスとして発展させる必要がある。このためには，現行制度の部分的な手直しでは，とうてい対応できず，以下の点の改革が求められる。

第一に，現行制度のような認可保育所の利用希望者が，市町村を介して申し込み，審査を受けて許可されれば，その費用を払う間接契約方式ではなく，幼稚園や認可外保育所のように利用者と事業者とが直接契約できる仕組みへの転換である。この結果，利用者が自由に保育所を選べる仕組みとすれば，保育所間の競争が促進され，第三者評価の充実と合わせて保育サービスの質の向上にも貢献できる。

第二に，現行の保育所運営費のような公的支援を，政府から保育所に対して支給するのではなく，介護保険の場合と同様に，利用者への直接補助方式へと転換することである。この結果，介護サービスと同様に，保育所にとっての顧客が自治体ではなく利用者になる。ここで自治体の介入がないと，障害を持つ児童の受け入れが困難になるとの懸念があるが，これは要介護認定と同様な要保育認定により，重度に応じた保育報酬の加算を行うことで対応が可能となる。

第三に，保育所の設置要件について，全国一律の基準ではなく，地域の実情に応じて地方自治体が弾力的に定められるようにする地方分権化である。また，介護市場と同様に，企業を含む多様な形態の事業者が自由に参入できるよう，対等な立場での競争条件を整備することが前提となる。

従来の福祉としての保育では，画一的な質の確保が求められるが，サービスとしての保育であれば，その多様性が求められる。具体的には，公的な支援額に加えて，利用者が追加的な費用を負担することで，通常の保育に加えて教育等の上乗せサービスを選択できる「混合保育」の仕組みを導入すれば，利用者の求める多様なサービスの充実が図られる。これは東京都が民間企業に委託して運営する認証保育所等では可能であるが，児童福祉制度の認可保育所では認められていない。

新しい保育所の形態としては，内閣府の企業主導型保育所である。これは福祉制度ではないため，その設置に市町村が関与せず，企業からの拠出金を財源とする点で，こども保険と一部共通する点もある。もともと，企業の従業員のための事業所内保育所を発展させたもので，共働き家族の子育てを支援する保育サービスという視点から，パートタイム就業にも対応できる弾力的な仕組みとなっている。また，地域住民の子どもも受け入れることで，認可保育所並みの補助を得られる制度である。もっとも，認可保育所と比べて，職員の配置や面積等の設置基準では差がないにもかかわらず，内閣府の委託を受けた児童育成協会と市町村との二重の監査を受けるなど，事業者の負担は大きい。また，本年度の補正予算に盛り込まれた保育士の賃金引き上げへの助成対象も，認可保育所に限定されるなどの「官民格差」が生じている。

第 12 章

TPP の意義と農業改革

畜産農家（千葉県いすみ市）
AFP = 時事

1990年初めの旧ソ連・東欧諸国の市場経済への移行と人口大国の中国やインドの経済発展から，世界の市場経済の規模は急速に拡大した。その結果，多くの国々の間で，貿易・投資の相互依存関係が強まり，経済活動の活発化から大きな利益が得られた。その半面，国際的な競争に敗れた企業の倒産や失業等の不利益が特定の分野に集中することが社会問題となる。経済活動のグローバル化を活用して輸出を増やす産業と，逆に増加する輸入品との競争で低迷する産業との間の雇用・賃金の格差が拡大することから，政治的な反グローバリズムや産業保護論が大きな影響力を持つことになる。これに対しては，輸入品と競争する産業分野の高付加価値化を図ることや，国内の労働市場の流動性を高め，衰退部門から成長部門への円滑な労働移動を図ることが基本となる。

日本では，主として農業分野，とくにコメと麦が手厚い保護貿易の対象となっており，「TPP（環太平洋パートナーシップ）協定」等の自由貿易協定を結ぶ際にも大きな反対運動が生じた。しかし，日本の国土は中国等と比べても，温暖な気候，豊富な水資源，十分な広さの農地，勤勉な農民等，農業に適した条件が揃っている。それにもかかわらず，なぜ農業の国際競争力が低いのだろうか。それは日本農業の生産性を高めることと逆行するような農業政策のあり方に大きな問題がある。

12.1 TPPの意義

戦後の日本経済の発展を支えた最大の社会インフラは，世界的な自由貿易体制である。天然資源に乏しい日本での製造業の発展は，世界のどこからでも原材料・エネルギーが輸入でき，それを用いた工業製品を，どの国にでも自由に輸出できる制度を最大限に活用したことの結果である。これに対して，農業やサービス分野の多くでは，生産性の低さを口実に，長らく政府による保護政策がとられており，それが企業間競争を阻害することで，製造業とのあいだでいっそうの生産性格差を生み出す要因となっている。

日本の産業の二重構造は，1990 年代以降の東西冷戦の終了や，中国等の急速な経済発展に伴う，世界的なグローバリズムの下で，大きな限界に直面している。これまで日本経済を支えてきた製造業の主要な企業が海外に展開するとともに，残された低生産性分野の産業の比重が高まってきたことが，国内で新しい経済活動や雇用機会が伸び悩む，ひとつの要因となっている。

日本経済の長期停滞から脱却するためには，非製造業分野でも，国内市場での競争を推進し，新規の雇用機会を増やす必要がある。そのためにも，海外から新しい企業を日本に呼び込むことで新たな生産活動や雇用の創出等の利益を得ることは，戦後の世界経済の歴史が示している。世界的な自由貿易体制を維持・発展させることは，輸出に依存した東アジアの経済発展にも貢献する余地は大きい。このため日本は，WTO（世界貿易機関）を通じた関税引き下げ等の多角的貿易交渉に積極的に参画するとともに，二国間の経済連携協定の対象国を増やしている。2021 年で，シンガポール等 ASEAN やその他で 21 の国・地域

図表12-1　TPP交渉参加国

との協定が署名・発効されている。

TPPもその延長線上にあり，日米両国と環太平洋の12カ国による高水準の包括的な経済連携協定である（図表12-1）。これは，単に関税率を引き下げるだけの「FTA（自由貿易協定）」ではなく，非関税障壁等，国内制度の調整も含む，より高度な内容である。各国間の自由な貿易取引だけでなく，外国企業からの直接投資の受け入れが，新しい技術等を通じて自国の生産や雇用を拡大するカギとなる。そのためには企業が安心して海外に投資できるための環境整備が必要になる。太平洋を取り囲む主要な国々が参加する12カ国のGDPを合計すると，その9割以上を日米両国で占めるため，事実上の「日米間の経済連携協定」としての意味もある。この具体的な内容は，加盟国間で，工業製品，農産物，金融サービス等，全品目の関税を10年以内に，原則として撤廃するとともに，関税以外でも自由な貿易取引を阻害する非関税措置や知的財産権の保護等の制度も含まれている。

TPPは2019年時点で，日本とメキシコ・シンガポール・ニュージーランド・カナダ・オーストラリア・ベトナムの7カ国で批准され，正式の貿易協定として発効している。しかし，当初からTPPを主導していた米国が，国内の政権交代を契機に，未だ参加をしていないことが，その効果を弱める大きな要因となっている。他方で，自由化の面では劣るが，日本とTPPには参加していない中国・韓国等も含めたオーストラリア・ニュージーランドとASEAN10カ国が参加する，「東アジア地域包括的経済連携協定（RCEP）」の署名が2020年に行われた。

こうしたTPPへの参加に対して，「米国政府の政治的圧力への迎合」といった批判が大きい。米国政府が日本の国内市場の開放を求めるのは，米国企業の日本進出を促すためであるが，そうした圧力に抵抗することが「国益」であるという論理は，もっぱら日本の既存の生産者利益を反映したものである。外国からの輸入や直接投資の増加は，その受け入れ側にとっても，市場競争の強まりを通じた日本企業の活性化というプラスの面が大きい。現に，米国系の多様なフランチャイズ店が日本に進出し，顧客に受け入れられ，多くの雇用を生んでいる。また，日本政府も，他の先進国の対内直接投資や日本自身の対外直接投資と比べて少なすぎる対内直接投資残高を，2010年のGDP比5%から10年間で倍増する計画を設けており，TPPへの参加はこれを促進することにもなる。

戦後の自由貿易体制の下で，日本の製造業の大企業の多くが米国市場への輸出を急増させ，現地の企業と経済摩擦を繰り返してきた。これが，最近では，輸出一辺倒ではなく，現地に工場を建設し，多くの労働者を雇用することで，米国社会の一員として受け入れられている。なぜ，同じことを米国企業が，日本の非製造業分野で行うことを排除しなければならないのだろうか。米国の自動車企業が日本企業に国内市場のシェアを奪われたのは，日本車よりも質の低い乗用車を高い値段で売っていたからである。その反省から，米国の自動車企業も，最近では日本の部品メーカーを活用するなどで，品質向上に励んでいる。かりに，米国の非製造業の大企業が，日本市場で売上高を増やすなら，日本企業も同じ対応をとるしかない。企業間競争に敗れて困るのは競争力に劣る生産者であり，選択肢が増える消費者ではない。かりに，米国の特定企業の競争力が圧倒的に強く，国内市場が独占されることになるなら，それは企業の国籍を問わず，独占禁止法の対象として対処すればよいだけである。

TPPへの参加に対する反対論のひとつに，「投資家対国家の紛争処理手続き（ISDS条項）」によって，米国企業に日本政府が訴えられるという懸念があった。この条項は，企業が投資した国の制度や規制の変化（外国資本の国有化等）により損失を被った場合に，国際仲裁機関に提訴できる仕組みである。グローバル化した企業には必要なもので，日本がこれまで各国と締結した二国間協定にも，すでに盛り込まれている。これは，外国企業に対して，自国企業と比べて不利な条件を押し付けないという，自由な貿易・投資活動に不可欠な「内外無差別の原則」に基づいており，世界的に活動する日本企業にとっても必要な仕組みである。

日本のような先進国では，本来，そうした内外企業の差別はないはずだが，特定の強い政治力を持つ日本企業が，国内市場で特権的な地位を得ている場合には，外国企業から「差別」として訴えられる可能性はある。これは第一に，ゆうちょ銀行やかんぽ保険のような巨大金融機関の株式を政府がいつまでも保有していることである。これは国際的な基準では「民営化」とは呼べず，絶対に倒産しないという信用力で，金融市場で優越的な地位を保っている。こうした金融市場での不公平競争を是正するため，小泉内閣では，両金融機関の株式の完全売却を法律で定めたにもかかわらず，2012年の改正法ではそれが大幅に修正された。

第二に，農協が所有する生命保険会社であるJA共済は，本来は生協のような零細組合に認められる低い法人税率（生命保険会社26％に対して19％）や，損害保険会社との一体的な事業が容認されるなど，一般の金融機関にはない数々の特権を享受している。その一方で，農業と関係のない不特定多数者の加入を募る宣伝も行っている，事実上の巨大な「保険会社」となっている。これは日本や外国の生命保険会社や損害保険会社にとって不公平競争と見なされる可能性がある。

第三に，公共事業等の発注先として地元の中小企業を優先させる「官公需についての中小企業者の受注の確保に関する法律（官公需法）」は，それ以外の日本や外国の企業にとって対等な競争環境を妨げている。

国内市場での公平な競争条件に反し，企業の自由な活動を妨げる保護政策に対して，本来であれば被害者である日本企業自体が声を上げるはずであるが，政治の圧力に屈したまま放置されている。これら特定の事業者の既得権の仕組みが，TPP というグローバルな基準に照らしてあぶり出され，必要な改革が行われれば，日本経済自体にとっても大きな利益となる。こうした事例は日本だけでなく外国にも存在することから，国際間の経済連携協定は，おたがいに「外圧」を作り合うことで，保護主義的な行動を改善するという機能も重要となる。

12.2 農業の構造改善の課題

TPP の「例外なき非関税化」で大きな被害を受けると言われる日本の農業についても，これを契機に産業としての活性化を進めれば，逆に新たな成長分野となりうる可能性を秘めている。農業は，製造業と同様に，国際的に貿易が可能な商品である。それがコメや小麦等について，自由な貿易を禁止されていることの理由として，農村文化や地域社会の崩壊等の「農業の特殊性」があげられる。しかし，農業を国際競争から保護することが，農村社会の維持に不可欠という論理は，農業を最初から衰退産業と見なしていることに等しい。日本農業の構造改善には，以下のような課題がある（山下 2022）。

第一に，主業農家への農地の集約化である。日本の農家のうち，農業所得が過半を占める主業農家は生産性が高く，年収

図表 12-2　農家所得の現状（2018 年）

	主業農家（23.6 万戸）	準主業農家（16.6 万戸）	副主業農家（72.9 万戸）
農家数シェア	21%	15%	65%
耕地面積シェア	56%	11%	33%
農業所得割合（依存度）	83%	7%	13%

	主業農家	準主業農家	副主業農家
総所得	801 万円	558 万円	426 万円
農業所得	662 万円	42 万円	57 万円

1 経営体当たりの総所得の平均　511 万円
農業所得の平均　174 万円

（出所）農水省『農業経営統計調査』に基づいた財務省資料より作成。

800 万円を得ているが，その比率は農家全体の 2 割にすぎない。それ以外は農業所得が年収 50 万円程度の兼業農家であるが，兼業収入を含めた総所得は 500 万円と決して低い水準ではない（図表 12-2）。このように零細農家の生活を守るための農業保護という論理は成り立たず，耕地面積の 5 割強を占める生産性の高い主業農家に農地を集約化し，規模の利益の拡大を通じて農業生産性を引き上げることが，日本の農業を活性化させるための基本的な手段となる。

第二に，農村社会を空洞化させている大きな要因として農民の高齢化とそれに伴う耕作放棄地の増加がある。これは 1990 年代以降に増加を始め，2015 年では全国で 42.3 万ヘクタールと農地全体の 1 割強を占めている。この背景には，すでに稲作農家の 3 分の 2 が 65 歳以上の高齢者であり，農業を続けることに体力的な限界があることや，都市に住む農地の相続者が自らは耕作しないことがある。それにもかかわらず，他の農家に農地を利用させない「土地持ち非農家」が急速に増えていることに大きな問題がある。このように耕作放棄地の増加は構造的な問題であり，農業を保護し続けても止められない段階にきている。本来，耕作放棄地は，「耕作者のみが農地を所有できる」という農地法の明らかな違反であり，課徴金や固定資産税の宅地並課税等を通じて，専業農家への農地の売却や賃貸を強制する措置が必要である。それにもかかわらず，私有財産の尊重という建て前から，長年にわたり，十分な改善がなされていない。

第三に，農業生産の効率化がとくに困難な中山間地（傾斜地）では，水田が果たしている治水機能を守るためにも保護が必要である。しかし，もともと，農業に適さない林野を切り開いて開墾したことは，過去の人口増加に見合った食糧増産の必要性によるものである。今後，人口が持続的に減少し，過疎化がいっそう進む状況では，農業生産に適さない中山間地の農地は，景観としての価値のある棚田等を除いて，国土保全や自然環境維持の観点からは，その維持に人手を要しない雑木林に戻す可能性もある。

第四に，コメの生産調整の弊害である。コメや小麦ほどの政府の手厚い保護がなくとも，野菜や果物，酪農等，自立した農産物も少なくない。主食であるコメについても，本来は大規模生産の利益が大きな農産物であるにもかかわらず，高コストの零細農家が大部分を占めていることは，全国の水田の4割で，あえて主食用のコメを作らせない大幅な減反（生産調整）政策による。これは飼料用のコメに多くの補助金を付けることで主食米の生産量を減らし，その価格を引き上げることで農家を保護する政策であるが，これが，コメの国際競争力を失わせている基本的な要因となっている。農業保護は他の先進国でも行われているが，その多くは農家への直接的な補助金であり，日本のように減反への補助金で価格をつり上げ，納税者と消費者の双方に大きな負担を課している例は少ない。

農業の構造改革には長い歴史があり，秋田県の八郎潟を干拓して作られた大潟村等では，大規模農家による生産性の高いコメ農業の発展で，豊かな農家の育成を目指した時代もあった。また，小規模でも高付加価値の果実や野菜等の農産物を生産する農家も少なくない。単に，現状維持のための保護政策を続けているだけでは，日本の農業に将来はない。現行の減反による価格維持というカルテル行為を中止し，コメ価格の低下を通じて，生産性の低い農家から，高い農家へ農地を集約化させることでさらなる生産の大規模化を目指す。生産の大規模化でコストを削減できるまでの間は農家への直接所得補償を行う。国内需要を上回る生産量を輸出に向けることで世界の食料不足の改善にも貢献できる。今後，人口減少や高齢化により先細りする国内市場ではなく，経済発展で需要の増える東アジアへの輸出産業を目指せば，日本の農業の将来展望は開けるであろう。

日本が2013年に他国よりも遅れて参加したTPPの政府間合意は15年に成立したが，その内容はコメ（341円／kg），小麦（55円／kg）の関税は現状のままで，輸出国の米国・豪州等に対して，無税の輸入枠（ミニマムアクセス）を設定するもので，現行の国家貿易制度はそのまま維持されることになった。これでは輸入されるコメは飼料米等に回され，主食用の高い米価は維持されるため，消費者のメリットはなくなる。TPPを通じた農業の構造改革は見事に阻止されたと言える。

TPP条約は2016年に政府間で合意し，年末には国会で承認された。しかし，2017年に就任した米国のトランプ大統領のTPP協定離脱決定により，協定の発効はそのままの形では実現できなくなった。しかし，自由な貿易・投資協定の拡大は不可欠であり，日本は他の主要加盟国との協力で，米国抜きのTPP11を2018年12月に発効させた。なお，EUから脱退した英国も2021年に，TPPへの参加手続きを開始した。

第13章

地域の均衡ある発展と東京一極集中問題

高層ビル群と東京湾（東京・江東区） 2021年
時事通信フォト

1970年代の田中角栄内閣以来，大都市への人口や経済活動の過度の集中を防ぎ，地方への分散と定住を図ることを目的とした「国土の均衡ある発展」が基本的な政策となっていた。これは大都市圏，とくに首都機能を持つ東京圏に，地方から多くの人口が流入することで，鉄道や道路等の社会インフラに混雑現象が生じる一方で，働き手人口が減少する地方部では過疎や高齢化が社会問題となる。この過密・過疎問題の解決手法として，政府が大都市への人口流入を抑制するために，地方への公共投資の重点化や米価の引き上げによる農家所得の向上が行われた。本来，社会資本の配分基準では，混雑する大都市の通勤鉄道や道路の整備の方が，民間の経済活動への外部経済効果が大きい。それにもかかわらず，大都市部の利便性を高めることは，さらなる人口流入を促進する可能性から，地方に民間資本を誘導するために，あえて需要の少ない新幹線や高速道路等の建設を先行投資として行うという論理であった。いわば，公共投資を経済効率性ではなく，地域間の所得再分配を基準とした政治的な判断と言える。これは，首都機能の移転や大都市部の工場等制限法についても同様である。

すでに日本全体の人口が長期的な減少期に突入している中では，限られた人口の分散よりも，全国の都市部への集積が必要とされる。また，企業が工場等の新設を世界的な視野で考える時代には，地方よりも人件費の安い海外を指向する傾向が強まっている。県や市が，いくら産業道路や工業団地等を整備しても，そこに企業の工場が移動する可能性は乏しく，地方での雇用機会を増やすことは容易ではない。本来，地方の主要な産業である農業は，零細農家の保護政策により，農業の生産性向上が抑制されている。他方，今後の情報・サービス産業の発展には，減少する働き手人口が，集積の利益の高い各地域の都市部に集中することが前提となる。

人口の大都市への集中は，日本だけでなく世界的な現象でもある。東京は，国内では高い所得水準を誇っているが，ニューヨークやパリ，ロンドン，シンガポール等，世界の大都市と比べて競争力の面で十分とは言えない。「国土の均衡ある発展」という国内志向で，東京の成長を抑制するのではなく，むしろ国内の主要地域ごとに，核となる大都市を形成し，そこへの人口等の集積を通じた活性化を図ることが，本来の地域の均衡ある発展のあり方と言える。

13.1 東京一極集中の是正策

人口が東京圏に集中するメカニズムとしては，大学や大企業が東京圏に集中することで，就学や雇用機会が多いことや，大都市の利便性・自由度の高さ等から20歳前後の層が大量に流入してきたことがある。とくに女性については，都市と比べた地元の閉塞感・男女の役割分担意識とのギャップも指摘されている。他方で，東京一極集中の問題点としては，首都直下型地震のリスクや，過去の首都圏への人口流入の結果として，今後，急速な高齢化が生じることもある。

1　首都機能の移転

首都機能の移転とは，首都自体の地方への移転ではなく，国会，行政，司法の中枢機能を東京圏外に移すことであった。とくに1980年代後半のバブル期に東京の地価が高騰したことが拍車をかけ，90年に衆参両院が国会移転を決議し，96年には移転先の選定を明記することを含む国会等移転法も制定された。しかし，移転先の候補地の決定は難航し，バブル崩壊で東京の地価が大幅に下落するとともに，首都機能移転への意欲は沈静化した。この例外として，文化庁の京都市への移転が決められた。

この背景には，東京都の大企業の本社が集中することの主因は経済活動の集積の利益等の合理性によるもので，かりに首都機能がなくなっても大差はないという現実がある。また，震災の可能性についても，他の地域でも安全な候補地は少ないことや，首都機能の有無にかかわらず，人口が集中する東京の防災対策は不可欠なこともあげられた。むしろ，首都機能に伴う過度の人口集中の弊害を防ぐためには，現行の中央集権体制の是正や，地方自治体の権限を強める道州制の推進が必要とされる。

2　工場等制限法

大都市部における若年者の流入を抑制するため，その要因となる大規模な工場（1000㎡以上）や大学の新設・増設を制限する工場等制限法が，首都圏（1959年）と近畿圏（1964年）各々に制定された。この結果，首都圏よりも製造業の立地が多かった近畿地方にとっての打撃が大きく，そうした規制のなかった中京圏と比べて，近畿地方の相対的な地位低下を引き起こすなど，行政による大きな歪みをもたらした。また，大学についても，都市部の便利な地域での大学新設が制限されたことで，新しい大学や学部が郊外に立地することを余儀なくされ，結果的に都心部に立地する既存の大学の競争力を高める結果となった。これらの首都圏の経済活動を人為的に抑制させる規制は，ともに小泉政権時の2002年に廃止され，その後，大学等の郊外のキャンパスからの都心回帰が生じた。

3 地方大学・産業創生法

これに対して政府は，日本の人口減少の主因は，出生率の低い東京圏に若い世代が集中しすぎることにあるとして，2021年に地域の中核的産業の振興や，その核となる専門人材育成などを行うための「地方大学・地域産業創生交付金」を設けた。また，2018年には，東京都23区内の大学の学部等の定員増を原則10年間抑制することを定めた。これは全国の大学生（287万人）の40％が東京圏に，また18％が東京23区に集中していることがある。ここで地方大学の振興策だけでなく，あえて東京の特定地域の大学への規制と併用したことは，小泉政権時に撤廃された工場等制限法を，大学について復活させたものと言える。こうした規制は地方大学への事実上の保護主義であるとともに，人気の高い23区の大学間の競争を阻害する政府主導のカルテルともなりうる。

13.2 少子・高齢化時代の都市政策

過去の日本では，人口増加に対応して山林を切り開き住宅地域を拡大してきた。しかし，今後の人口減少時代には，それと正反対の政策が必要とされる。人が散在して住む地域に社会資本を建設するよりも，それがすでに整備されている都市部への人口移動を促す集住政策が必要となる。このコンパクト・シティー構想は，「(ハコモノを) 作らない公共事業」とも言われており，過疎地域だけでなく，スプロール状に広がった幅広い郊外住宅地を持つ大都市部についても，同様に重要である。

この背景には，共働き家族の増加がある。郊外の庭付き一戸建て住居に妻子が暮らし，夫だけが都心部の事務所等に遠距離通勤する過去のライフスタイルに代えて，夫婦がともにフルタイムで働くことが一般的になる今後の社会では，通勤時間を節約できる都市部の集合住宅に居住することが合理的となる。また，引退した高齢者にとっても，公共交通や医療機関が充実した都市部の集合住宅の居住が便利となる。さらに高齢者が集住する民間の介護サービス付き高齢者向け住宅では，一戸建て住宅と比べて在宅介護サービスの生産性はきわめて高く，今後の高齢者住宅のモデルとなりうる。

こうした都心回帰の傾向を前提とした，高齢化時代に住みやすい都市を形成するためには，以下の視点が必要となる。第一に，都市の中心部における住宅の容積率（土地面積に対する建築面積比）の引き上げであり，これは2013年6月の成長戦略にも盛り込まれた。社会資本が集積する大都市中心部の空間は公共性が高く，既存住民の利益だけではなく，新規参入住民の潜在的な需要も考慮した都市政策が必要となる。昼間人口だけの事務所や工場等と異なり，都心部の集合住宅を整備することで郊外から人口が移動すれば，それだけ通勤時の道路や鉄道の混雑が緩和される。また，すでに昼間人口が多い都市部では，通勤者が居住者になることで，夜間人口が増えても電力やガス等の公共インフラ負荷の増大にはつながらない。

これまでは，既存の住民の良好な住環境確保の趣旨で，都市の中心部にも木造2階建て等の低層住居専用地域が幅広く残されてきた。しかし，都市空間の効率的な配分のためには，都市の中心部から土地生産性の高さを基準として，商業地，住宅地，工場，農地の順に，貴重な土地が段階的に利用されることが望ましい。また，都市部の住宅地域の標準的な住み方としては，欧州の大都市のような4～5階建ての中層集合住宅を基本とする必要がある。このためには，都市中心部の住宅容積率の引き上げや，住宅地域で一定の日照時間の確保を義務付ける，旧来の日照権（日影規制）の廃止・縮小等の規制改革が必要となる。

現行の建物の容積率は，都市計画で商業・住宅等の用途地域ごとに制限が定められているが，多くの場合には現状の利用形態を追認するだけで，より高度利用を進めるといった視点は乏しい。また容積率の高い商業・工業地域に高層住宅が増えるなど，本来のゾーニング（棲み分け）の機能も果たしていない。とくに，都市中心部における日影規制は，より合理的な建築制限基準である天空率（所与の地面から周囲の高い建物にさえぎられずに天空が見える比率）等に置き換える必要がある。

第二に，老朽化した高層住宅の建て替え問題も緊急の課題である。1981年以前の旧耐震基準で建てられた高層住宅の中には十分な耐震性を有しないものも多い。しかし，建て替えには区分所有者の5分の4の同意が必要とされるという要件が大きな制約要因となっている。これまで建て替えが実現した老朽共同住宅の多くは，所定の容積率以下の高さの場合が多かった。このため，未利用の容積率を活用することで，既住民にとって個々の住居面積を拡げたり，または売却できるなど，建て替えが有利となるインセンティブが働くことがカギとなる。その意味でも，高層住宅の容積率を引き上げることは，老朽住宅の建て替えを促進することで地域住民の安全性を高めるという利点もある。

第三に，固定資産税の有効活用である。納税者の負担で整備された公共性の高い都市空間の効率的な活用のためには，地権者の財産権についても一定の制約が必要である。土地や建物の価額に比例して課税される固定資産税は，地方自治体のサービスへの「応益課税」とされているが，同時に，貴重な都市空間の効率的な活用を促すための「使用料」としての役割を持っている。たとえば，都市部の生産性の高い土地に対する需要が増えれば，地価は高まり，それに対応して固定資産税の評価額も高まる。その結果，地価に見合った税金を負担するためには，建物の高層化等，土地を有効に活用し，多くの賃貸料を得ることが必要となる。このように固定資産税は，貴重な都市空間の最適な配分を促す「市場価格」としての意味も持っている。

コラム⑫　民間事業者による都市インフラ整備

都市部における環状道路等の社会インフラが不十分なことは，財源上の制約だけでなく，官の事業として行う用地買収等の非効率性にも原因がある。これは官の事業は，道路や鉄道等の縦割りであり，民間事業のように商業施設等と一体的に建設することで事業に付加価値を付けることが困難なためである。たとえば，都市部に建設する自動車道路に蓋をすればその上部に貴重な都市空間が生まれ，それを元の地権者の新しい集合住宅と等価交換することで用地買収が容易になる。また，これを第三者に転売すれば建設費用の一部を回収することもでき，現行のように高架の高速道路の下部を駐車場等にしか利用できないことに比べて，はるかに効率的な利用法となる。これは，民間事業者が都市の中心部の小さな戸建て住宅の中高層化で再開発する手法と同じであり，いわば高層ビルを横に寝かせて建設し，その下部を道路に，上部に住宅や事務所とすることに等しい。

国や地方自治体が都市インフラを建設する場合に，現行制度でも実際の建設作業は民間事業者に委ねている。官が引いた設計図の通りに民の建設会社が作る従来の方式を修正し，マスタープランの作成や用地買収にも，民間事業者を活用することは十分に可能である。このためには，「公共性の高い道路の建設や活用を利益追求の民間事業者には委ねられない」という道路法等の「公物管理」思想の改革が必要となる。現在も，立体道路という建造物と道路を一体的に建設する仕組みがあるが，これを弾力的に適用することで貴重な都市空間のより効率的な活用が可能となる。

もっとも現状では，逆に平均的な規模の住宅の固定資産税や相続税を大幅に減税する「小規模宅地特例」が設けられている。これは，昔から住んでいる地域住民にとっての「既得権」を尊重するものであり，その土地の低度利用を促すことで，新たに共同の高層住宅等を求める新住民の参入を実質的に排除する効果を持っている。これに対して，公共性の高い都市の中心部では，既存の住民と新規参入住民との間で，住宅の形態にかかわらず，共通の土地・空間の使用料としての固定資産税を負担する原則が必要となる。なお，現行の固定資産税は，担税力の観点から土地と建物の両方に課されるが，都市空間の高度利用を促進するためには，土地により重く課し，建物への課税は引き下げることが望ましい。

少子・高齢化社会での活力を維持するためには，都市の生産性を高めることが重要である。そのためには情報通信技術を活用し，住民の安全や健康の維持を図るスマートシティーの構築が求められている。

第14章

コロナ危機の経済問題

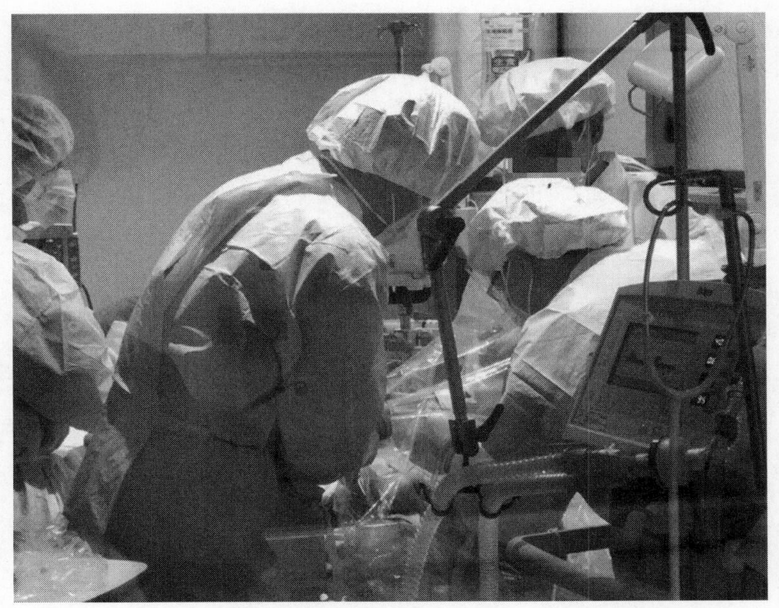

新型コロナ／人工呼吸器を装着する医師ら（東京・永寿総合病院） 2020年4月（同病院提供）

時事

はじめに

2020 年 1 月に，中国の武漢で最初に確認された新型コロナウイルス感染症（以下，コロナ感染症）は，短期間の内に世界中に拡大し，少なくとも 2 年以上にわたって，社会や経済の活動を抑制する要因となった。コロナ危機への対応は，安倍晋三政権の末期から菅義偉・岸田文雄の 3 つの政権にまたがっており，本書の執筆時点ではまだ完全な収束は確認されていない。そうした制約の下で，コロナ発生後 2 年を経た現時点で明らかになった，経済政策上の諸課題について検討する。

コロナ経済危機への対応については，感染防止対策と社会経済活動との間に明確なトレードオフ関係が見られることが大きな特徴である。政府は感染者の増加が，高齢者等の重症者を増加させ，病院等の病床の逼迫をもたらさないように，出入国の制限や飲食店等の営業自粛を求めた。このまん延防止等重点措置は，とくに対人サービスを中心とした経済活動を著しく阻害した。

日本のコロナ危機とその対策には他の国々との比較で，以下のような特徴があった。第一に，感染者や死亡者数の少なさがある。これは他の東アジア諸国とも共通する点で，人口 1 万人当たりの死亡者は 2021 年で 2.2 人と，米国の 29.2 人，英国の 24.1 人等と比べてきわめて低い水準にとどまった（図表 14-1）。

第二に，日本は人口当たりの病床数は世界でトップ水準にあり，2019 年で全国の約 160 万床のうち，病院の感染症病床と一般病床の合計約 90 万床が潜在的にコロナ患者に使える病床数となる。しかし，実際の入院確保病床数はピーク時でも 3.8

図表 14-1　世界のコロナ死者数（人口 100 万人当たり，2021 年）

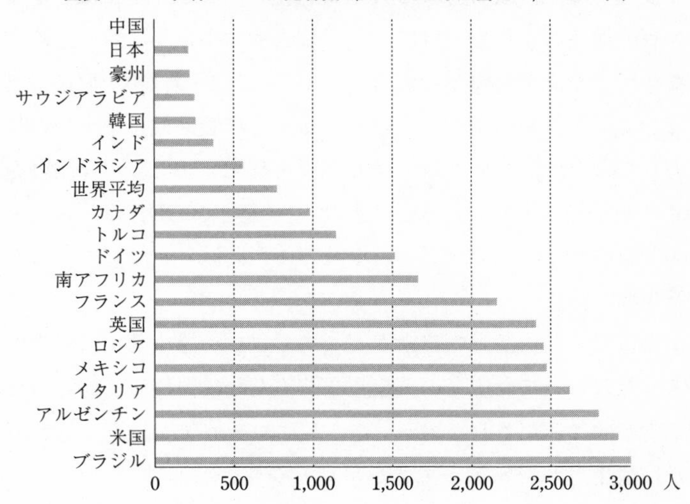

（出所）World Health Organization.

万床，重症者用は 0.6 万床と，全体に対する割合は 4.2％と 0.6％にすぎなかった。この要因については，小規模な民間病院比率の高さ等，さまざまな要因があげられているが，最も重要なものとして，コロナ重症患者を特定の病院に集中させ，それ以外の患者を他の病院で受け入れる等，病院間の連携や協力関係の不足があった（鈴木 2021）。このため早期にコロナ病床の逼迫が生じたために，感染者の総数を減らすための人流の抑制政策がより強く求められた。

第三に，2019，20 年度だけでも補正予算と予備費で 77 兆円ものコロナ対策費を投じたことであった。これは，コロナ以前の 10 年間の一般会計歳出規模の平均 100 兆円弱と比べて異常な規模であり，政府財政は大幅に悪化した。この中には，本来の医療関係の整備費だけでなく，個人や中小企業に対する膨大な給付金や，公共事業費も含まれていた。このほか，雇用対策として，企業の休業手当を補償する雇用調整助成金を大幅に拡大したことで，ピーク時には6兆円を超えていた雇用保険の積立金が枯渇してしまった。これはより大きなGDPの落ち込み幅であったリーマン・ショック時の1兆円減と比べても大幅な減少幅である。

ここで，経済活動の自粛がどこまでコロナ感染防止に効果があったのか，また患者の重症化を防ぐために医療資源がどこまで効率的に運用されたのか，さらにコロナ対策費はどこまで有効に活用されたか等が主要な争点となる（仲田・藤井 2022）。これには医学の感染症モデルに経済活動を織り込むことで，感染の防止と経済活動の維持とのトレードオフ関係を明示化するとともに，今後のコロナ等の感染症のリスクも踏まえて，中長期的な危機管理体制を築くことが必要とされる（小林・森川 2020）。

他方で，コロナ感染防止措置として，以前から必要性は認識されながら進んでいなかったテレワークや，オンラインでの授業・診療が，臨時的措置として大幅に普及したというプラス面も見られた。これらの措置が，コロナの終息で打ち切られることなく，その恒久化を図ることが求められる。

コロナ危機対応の問題点

当初のコロナ感染の実態が不明確な状況では，高齢者や慢性疾患の患者の重症化や死亡を防ぐために，出入国の制限やまん延防止等重点措置という，社会経済活動を犠牲にしても感染者数の抑制を重視する政策が主流となった。これは感染拡大リスクが高いと考えられる場所に重点的な対策を行うもので，飲食店への営業時間規制とそれに対応した協力金の支給や，保育所や学校等での活動制限を通じた人流の抑制策に置かれてきた。これらは，コロナ病床の不足という医療面の制約の下で，重症患者を増やさないための措置であったが，その結果，個人の消費行動が著しく抑制され，大幅な経済的犠牲が飲食店・宿泊等の対人サービス業に集中したことが大きな特徴であった。

コロナ対策のためにいくら不況になっても人の命には代えられないという見方もある。しかし，コロナ不況の2021年には，それまで持続的に減少していた自殺者が，とくに若年層を中心に増えるなど，経済活動悪化の犠牲も大きい。とくに国民全体でのワクチン接種率の高まりの下で，感染力は高いが重症化率の低いタイプのコロナへの対策では，一律な感染防止策から医療資源を重症患者へ集中させる医療の仕組みの改善に政策の重点を移す必要があった。

コロナ対策のために，補正予算等を通じて膨大な財政支出が費やされた（図表14-2）。これらは本来の医療関係支出よりも，企業や家計への支援のための給付金が中心となった。とくに前年よりも収入が落ち込んだ企業に対する持続化給付金や家賃支援給付金は，手続きがきわめて簡易なことから，多くの不正受給を生み出すこととなった。また，個人に対して外出等の自粛を求めながら，その旅行・観光費用への補助金等，ブレーキと

図表 14-2　コロナ対策費の内，2020 年度第 1 次・第 2 次補正予算

項　目	合　計
1. 新型コロナウイルス感染症対策関係経費	57 兆 3,826 億円
資金繰り対策	15 兆 4,707 億円
特別定額給付金（1 人当たり 10 万円）	12 兆 8,803 億円
新型コロナウイルス感染症対策予備費	11 兆 5,000 億円
中小・小規模事業者等に対する給付金	6 兆 2,818 億円
持続化給付金	4 兆 2,576 億円
家賃支援給付金	2 兆 0,242 億円
地方創生臨時交付金	3 兆円
新型コロナウイルス感染症緊急包括支援交付金（医療提供体制の整備等）	2 兆 3,860 億円
“Go To” キャンペーン事業	1 兆 6,794 億円
雇用調整助成金等	5,209 億円
その他	3 兆 6,635 億円
2. 国債整理基金特別会計へ繰入	2,222 億円
3. 既定経費の減額	▲ 20 億円
合　計	57 兆 6,028 億円

（出所）財務省。

アクセルを同時に踏むような矛盾した政策も行われた。

また，コロナ不況対策として，総額 13 兆円弱に達した国民全員に 1 人当たり 10 万円の特別定額給付金をはじめ，生活支援特別給付金，住民税非課税世帯への臨時特別給付金，子育て世帯への臨時特別給付金，さらには，年金受給者に対する給付金等が，次々に設けられた。こうした個人の所得水準や収入の変化に関わらない，本来の所得再分配策とは言えない給付が，コロナ対策の名目で，次々に実施された。

とくに，緊急時の対策として，国民全員に給付された特別定額給付金は，一種のベーシック・インカムと見ることもできるため，かりに所得税の年末調整時に，収入が減らなかった世帯からは返却を求めれば所得再分配としての意義を持つと言える。しかし，国税庁はこの給付金収入について，早々に所得税の対象外として，コロナ危機の影響をまったく受けなかった世帯についても，通常の所得税すらも徴収しなかった。このように，コロナ時の政権の財政規律についての考え方は，東日本大震災時の復興財源を賄うために一時的な特別所得税を設けたこととは対照的であった。

14.2　雇用維持対策の問題点

コロナ不況では，雇用保険のうち，本来の失業給付よりも，企業の休業手当への補助である雇用調整助成金が，本来の制度を大幅に拡大してまで適用されたことが大きな特徴であった。この助成金は，事業主が不況時に社員の雇用を維持するための休業手当の一部を政府が支援することで，失業を未然に防止するための制度である。通常の休業手当への補助率は，大企業で1/2，中小企業では2/3となっていたが，コロナ対応の特例措置では，一定の条件の下で企業規模にかかわらず，本来は事業主の責任で支給すべき休業手当の全額が雇用保険から支給されるとともに，その上限額も日額1万5000円にほぼ倍増された。

雇用保険のうちで，休業手当の優遇策には，対象者が事実上，限定されるという問題がある。これは休業手当を受給できるのは，企業が倒産・廃業をせずに存続する場合のみであり，その場合でも主として正規社員が対象となり，雇用契約が終了し再契約されなかった有期雇用者の多くは対象外となる可能性が大

図表 14-3　正規・非正規別就業者の増減数（前年同月比）

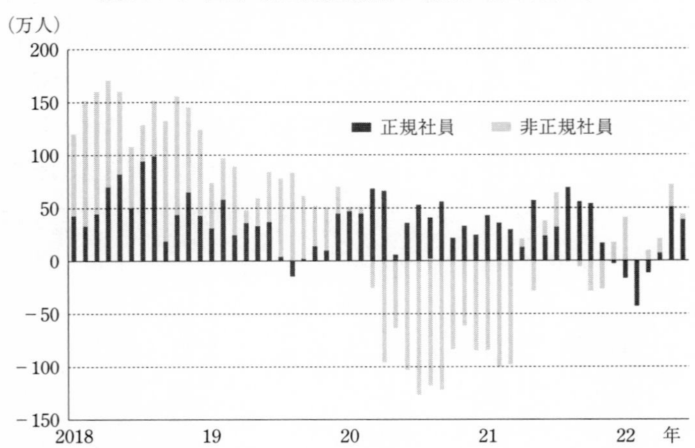

（出所）総務省『労働力調査』。

きいためである。このためコロナの影響が現れた 2020 年 4 月以降，雇用がほぼ安定的に増加し続けた正規社員に対して，非正規社員数は大幅な減少となった（図表 14-3）。これは正規・非正規の別なく支給される普遍的なセーフティーネットである失業手当と比べた休業手当の大きな違いである。

これは「失業者」の概念をどこまで弾力的に考えるかにも依存する。日本でも，労使間で米国のように景気が回復した場合には優先的に再雇用することを前提に解雇することを取り決めた「一時帰休者」に対して，厚生労働省は暗黙の雇用契約があることを前提に失業給付を認めなかった。この失業概念についての硬直的な解釈が，結果的に手続きが複雑で，不正受給の可能性の高い雇用調整助成金に過度に依存する仕組みを招いたと言える。

雇用調整助成金制度には，平時には衰退産業からの労働移動を妨げるという問題がある。さらにコロナ不況などの緊急時の対応にも，とくに零細企業にとっては手続きの煩雑さという本質的な問題があるが，他方で，申請手続きを簡素化するほど不正受給のリスクも高まる。その意味では，労働者個人への給付という雇用保険の原点である失業給付の対象者の拡大や，その内容の充実に重点を置くべきであったと言える。

他方で，今回雇用調整助成金の対象範囲を，通常は雇用保険の被保険者でない短時間労働者の休業も含めるように対象者を拡大したことは注目される。これは現行の雇用保険の枠組みを用いて，保険料を事前に負担していない多くの非正規労働者を救済し，そのための費用は国庫から補塡するという現実的な工夫であった。将来，これを拡大して，形式上は自営業者であるフリーランスや，インターネットを介して単発の仕事を請け負う労働者ギグワーカー等の働き方にも，幅広く雇用保険を適用し，失業給付の対象拡大に結び付ける可能性がある。

今後，企業に依存しない働き方の多様化も広がってこよう。そうした環境下で「企業が雇用を守り，その企業を政府が守る」という労働者保護と企業保護が混在した現行の雇用調整助成金等の制度の抜本的な再検討が必要とされる。

14.3 テレワーク定着への課題

コロナ感染症防止政策の大きな柱のひとつが，在宅等のテレワークの急速な普及であった。玄田・萩原（2022）で示されている「全国就業実態パネル調査」では，テレワーク実施者の全体に占める率は，コロナ危機以前の 2016〜19 年平均の 7.5%から，緊急事態宣言発令後の 20 年 4・5 月には 26.5%と急増した。その後，同年 12 月には 12%へと下落したものの，コロナ危機以前よりも高い水準を維持していた。これは従来から進んでいたテレワークへのトレンドが，一挙に加速したもので，今後とも不可逆的な流れと見られる。

もっとも，テレワークが可能な職種は，勤務日や働く時間が弾力的な管理職や専門職等の高所得層が中心で，一般社員については，コロナ危機が終息すれば，対面での労働時間管理が中心の働き方に戻る可能性が大きい。これはテレワークでの仕事の生産性は，自らの業務に就いての裁量性が，上司にどこまで認められているか，また，職場全体の実施率にも大きく依存するためである。一般に，通勤時間の節約等，弾力的な働き方の生産性や満足度が高い中で，今後，正規・非正規社員を問わず，テレワーク勤務をどこまで普及できるかが，大きなカギとなっている。そのためには，テレワークを在宅等の特定の場所を限定した裁量労働の一種として位置付ける等の労働法上の改革も必要とされる。

14.4 医療体制の効率化

コロナ危機では日本の医療供給体制の脆弱性が浮き彫りにされた。これは日本の人口当たりの病床数が先進国の中では高いにもかかわらず，コロナ患者の治療に対応できる病床が極端に少ないことによる。日本の病床数は約160万床で，人口当たりでは先進国の内でトップ水準にある。この中で，コロナ患者に使える病院の感染症病床と一般病床の合計約90万床のうち，実際に入院が確保された病床数は，コロナ第5波のピーク時でも5%弱にすぎなかった。このために，感染者の増加で早期にコロナ対応病床の逼迫が生じ，その結果，自宅療養者の増加や感染防止のための経済活動の制限が長期化したことがある。

これには第一に，コロナを結核やSARS等と同じ重度の高い指定感染症に分類したために，感染症を専門とする医療スタッフでしか対応できない状況となったことがある。これは，時間の経過とともに，コロナ感染症の実態が明らかになった後も，従来と同じ分類基準が機械的に維持されたままであったために，回復した患者の一般病床への移動が進まず，その結果，重症患者の病床が不足したままとなってしまった。

第二に，緊急時の行政命令権の欠如である。これには日本では民間病院の比率が8割を占め公的病院が少ないことがあげられる。しかし，公的病院でも受け入れ比率は低かったことや，米国等の国々では，緊急時には州政府が民間病院に患者の受け入れ命令を出すことができ，それによって医療崩壊を防いだことに対して，日本では行政が医療機関に対して要請しかできないというのが現実である。このため，コロナ病床確保のための補助金や，重症患者の診療報酬の大幅な引き上げが実施されたものの，緊急時の対応の改善は進んでいない。

第三に，隔離が必要なコロナ患者の受け入れには，そのための設備等の大きな固定費用を要するため小規模な医療機関での対応は困難である。他方で，コロナ対応の診療報酬も高いことから，病院経営には規模の利益が働くことである。400床以上の大病院の73%がコロナ患者を受け入れている半面，民間病院全体では15%にすぎない。このため，コロナ重症患者は大病院に集中し，軽症や回復期の患者は中小病院での受け入れが効率的だが，病院間の連携不足や行政の権限の小ささが，そうした弾力的な対応を妨げている（鈴木 2021）。

このため，平時から大病院にコロナ感染の重症患者を集約化し，中小病院は大病院の一般入院患者や回復者を引き受けるための医療機関の連携関係の構築がカギとなる。そのためには，地域内の病院のネットワーク化，見える化，リアルタイムの調整と司令塔を，市町村単位で機能させなければならない。これは一部の効果的な対応を行った市町村が行っていることであったが，そうした成功事例を幅広く普及させることが必要とされる。

上記の問題は，コロナ対応だけでなく，日本の医療体制に共通した問題と言える。医療機関に対する行政の関与が小さいことや，病院間の連携不足の問題は，日本の医療に典型的な患者の医療機関へのフリーアクセスと密接な関係にある（葛西 2013）。日本でも欧米や韓国と同様な家庭医制度を構築することで，それを中心とした診療所と病院の役割分担の明確化が求められる。

コロナ危機は，世界では人口当たりの感染者数が最も少ない半面，病床数は最も多いという状況の下で，重症患者のための病床逼迫が生じるという，日本の医療体制の脆弱さを示した。

これに対する医療制度改革は，コロナ危機が一段落した後も，その糸口は見えていない。

コロナ危機は，大震災時等の非常時の医療体制を構築することの必要性を明確に示すものとなった。これは，第一に，医師や看護師等の医療スタッフの確保である。コロナ患者を受け入れた病院と比べてそうでない医療機関では，一般の患者の受診抑制で経営悪化が生じた場合もある。このため，コロナ患者と一般の患者とを病院間で円滑に受け渡しできる体制の整備や，非常時には，政府が医療スタッフの総動員を命じ，自宅やホテル等で待機している患者の診療を行う権限を付与することが必要となる。

第二に，高い入院料を確保できる急性期病床のうち，診療実績が乏しい「名ばかり急性期」が，中小病院を中心に全体の3分の1も存在している（田原・北爪 2020）。こうした急性期病床が地域で分散していることも，コロナ重症患者への対応が困難であったひとつの要因とされる。

第三に，感染が急拡大する状況の下では，臨時的な野戦病院を設置し，そこで政府が既存の医療機関やフリーランスの医師や看護師を臨時的に雇用する仕組みも，諸外国では実施された。これには平時からの準備が不可欠である（鈴木 2021）。コロナ危機の経験を今後の大災害時への備えとして生かすことが必要と言える。

第15章

岸田文雄政権と「新しい資本主義」

デジタル庁のオフィス（東京・千代田区） 2021年
朝日新聞社

100代目の総理大臣となった岸田首相は，国会での所信表明演説で，「1980年代以降，世界の主流となった，市場や競争に任せればすべてがうまくいくという新自由主義的な考えは，市場に依存しすぎたことで格差や貧困が拡大し，気候変動問題が深刻化した」として，分配に重点を置いた「新たな資本主義モデル」を唱えた。以下では，この岸田ビジョンの評価と，その主要な政策の柱について検討する。

まず，「過度の市場経済への依存で格差が拡大」という批判は，米国の大企業のように，経営者に対してストック・オプション等で高額な報酬を保障し，利益の大部分を株主に還元させる「株主資本主義」についてよく当てはまる。また，貧富の格差の改善や地球環境問題への取り組みによって，質の高い資本主義を目指すことはについては，日本にも共通する課題である。しかし，1990年代以降，長期間にわたって経済が成長せず，平均賃金もほとんど増加しない日本経済について，それが「行きすぎた市場主義」によるものとの批判は，本質的なものとは言えない。これは，過去の政権のうちで，最も新自由主義的と見られた小泉純一郎政権でも，社会保障改革や地球温暖化問題には取り組んできたためで，それとの本質的な違いは明確ではない。

15.1 多様な資本主義

世界には多様な資本主義がある。1990年代に，冷戦の終結と合わせて，旧ソ連・東欧諸国の大部分が，社会主義から市場経済体制に移行した。また，残された数少ない社会主義国である中国も，鄧小平による大胆な市場経済を導入した経済特区で外国資本を積極的に活用し，飛躍的な経済発展を遂げた。その意味では，現代の世界主要国には資本主義しか残っておらず，市場経済に対する政府の介入の度合いに大きな差があるのみと言える。

この政府介入の程度については，大別して財政を通じた所得移転の規模，公的企業の役割，および民間の経済活動に対する公的規制の程度，等の3点がある。第一に，米国や英国は，株主の利益を主体とする古典的な資本主義であり，社会保障費の規模でも，相対的に「小さな政府」である。これに対してスウェーデン等の北欧諸国は高福祉・高負担で個人の生活安定を重視する政府の規模の大きな福祉国家である。また，フランスやドイツはその中間と言える。

第二に，公的規制では，スウェーデンは個人の生活は保障するものの，日本のように競争に敗れた企業の保護や救済は一切，行わない徹底した市場主義国でもある（湯元・佐藤 2010）。他方で中国は，経済特区では外国資本を導入しているが，それ以外では国有企業の比率がいぜんとして高い，実質的に国家が主導した資本主義と言える。

こうした先進国内での多様な市場経済のあり方と比べて，日本の資本主義は産業によって異なっている。国際競争にさらされている製造業に関しては，市場原則に基づく活発な競争環境にあり生産性も相対的に高いが，他方，サービス業については政府のさまざまな規制，とくに法律ではない行政指導が民間企業の活動を制約する面は大きい。さらに農業では，コメ等への補助金を通じた価格支持政策や株式会社による農地保有禁止等，政府の介入が著しい点では，むしろ社会主義に近く生産性は低い。こうした政府の介入度合いが産業間で大きく異なる状況にある日本経済について，岸田政権の「新しい資本主義」は，いずれの方向を目指すのであろうか。

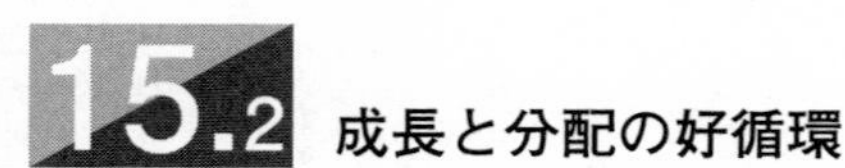

15.2 成長と分配の好循環

岸田ビジョンでは，「成長と分配の好循環」を実現するとしているが，そこでの分配の対象は低所得層よりも，むしろ中間所得層を手厚くすることを掲げている。過去の高い経済成長期には，民間投資の増加で生産性が高まり企業の利益が増える一方で，雇用需要の拡大で労働市場での需給が逼迫し，賃金が高まった。増える家計所得が旺盛な消費需要となり，企業の売上高と利益の増加に結び付くという好循環メカニズムが働いた。

岸田ビジョンでは，政府の給付金等の増加で消費需要を刺激すれば，それが生産活動の拡大を通じて経済成長を高められるという「所得分配を通じた経済成長」を目指している。しかし，そうしたケインズ政策は，労働力が過剰で失業者の多い状況でこそ有効となる。しかし，日本の人口は，2008年をピークにすでに減少期に入っており，生産年齢人口（20～64歳）は，2000年からの20年間で，すでに1000万人の大幅な減少となっている。日本の市場規模が縮小する中で，人々の所得を高めるためには，需要の拡大ではなく，生産性を引き上げるための供給面の改革しかない。

コロナ不況で対人サービス業を中心に，多くの世帯で収入が激減した。しかし，収入がまったく減らない世帯も少なくない中で，子育て世帯への一律給付金が支給された。生活が困窮する世帯に必要な給付ではなく，子育て世帯全体の9割への「広く薄い給付」では，その費用を負担する層との重複から，本来の所得再分配としての意味は小さくなる。

他の先進国と比べた日本の所得格差（ジニ係数）の現状は，欧州大陸の小国と比べればやや高いものの，英国や米国よりも低い水準にある（図表15-1）。全般的な格差の拡大よりも，母子世帯等の低所得層に重点を置き，真に支援を必要とする貧困世帯を把握する「貧困統計」の充実が必要とされる。米国の最低生活保障の仕組みは，行政が把握した低所得層に対して，新自由主義の代表であるフリードマンが提唱した「負の所得税」に基づいている。日本でも，旧来の生活保護制度の代わりに，一定所得水準以下の世帯に対して「給付付き税額控除」を行う提案があるが，そうした貧困層への所得再分配策について，ほとんど検討が進められていない。

15.3　社会のデジタル化

デジタル技術の急速な発展の下で，それに対応する人材への投資により，企業間や産業間で人材の成長分野への移動を促進すれば，生産性向上で平均賃金を引き上げ，経済成長も促進できる。岸田内閣でもデジタル技術を活用した田園都市構想では，

図表 15-1　OECD 諸国の所得格差（ジニ係数，2020 年）

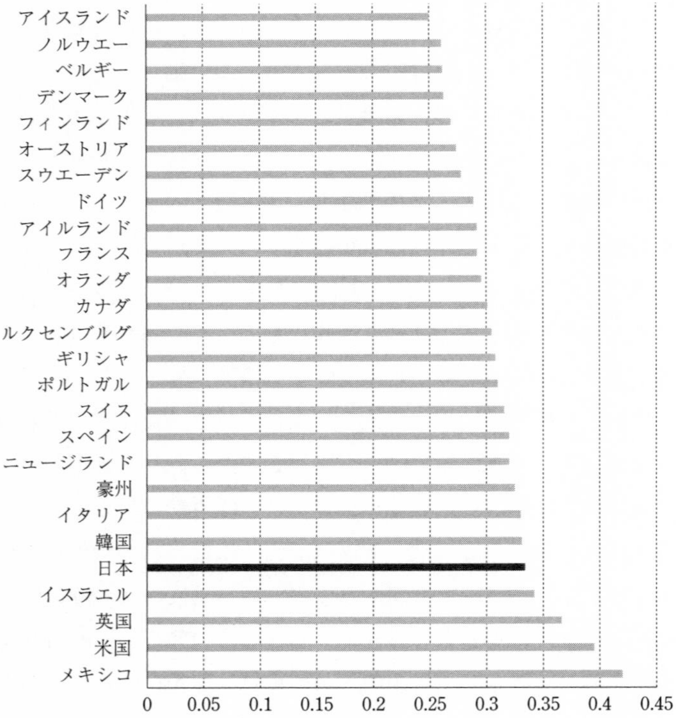

アイスランド
ノルウエー
ベルギー
デンマーク
フィンランド
オーストリア
スウエーデン
ドイツ
アイルランド
フランス
オランダ
カナダ
ルクセンブルグ
ギリシャ
ポルトガル
スイス
スペイン
ニュージランド
豪州
イタリア
韓国
日本
イスラエル
英国
米国
メキシコ

0　0.05　0.1　0.15　0.2　0.25　0.3　0.35　0.4　0.45

（出所）OECD, *Income Inequality Data*, 2020.

大都市から地方への企業移転やテレワークへの交付金等が示されている。しかし，多くの企業にとって，テレワークはコロナ感染症防止のための緊急処置にとどまっており，必ずしも生産性向上の手段としては見なされていない。これはオンライン教育・診療についても同様であり，デジタル化の推進のためには，対面での活動を前提とした各省庁のさまざまな規制の改革が最優先される必要がある。

このため，岸田政権の大きな柱のひとつが，経済活動の効率化に不可欠なデジタル・トランスフォーメーション（DX）の推進とデジタル庁の設置であり，両者は密接な関係にある。菅義偉前政権では，「あらゆる手続が役所に行かなくてもオンラインでできる」仕組みをつくるとした。このためには，それに関連する約4万件の法律等の改正が必要となり，それを3年以内に実施することが目標となっている。

しかし，これについては法律改正だけでは不十分であり，企業や個人のデジタル対応も不可欠である。このカギとなるものが，個人を認識するデジタル番号としてのマイナンバーである。このマイナンバーカードの普及率は，2016年の開始後，2023年でも77%にとどまっている。これは米国の社会保障番号の場合と異なり，個人の金融関係等の取引の際に，個人のデジタル番号を届けることが義務化されていないために，その必要性が乏しいことにもよる。また，たとえば医療保険のデータを，現行の紙ベースからマイナンバーカードに入れる仕組みも，肝心の医療機関の対応が18%（2021年）にとどまっている。デジタル社会の基本は，すべての国民が共通のプラットフォームに参加することであり，そのためには政府によるある程度の強制は避けられない。

15.4 人材への投資

「新しい資本主義」構想では，過去の高成長期のような「豊かな中間層の形成」がひとつの政策目標となっているが，そのためには，質の高い人的資本の形成による労働生産性の向上が大きな前提となる。このため，社会人の学び直しや教育機会を充実し，企業には男女の賃金格差など人的資本に関する情報開示を求めている。

デジタル技術を最大限に活用するためには，現行の働き方の改革が重要である。諸外国と比べて日本企業が教育投資にカネを使ってこなかったことは，新卒一括採用を前提に，企業内での仕事に就きながらの企業特殊的な訓練（OJT）を重視していたからである。しかし，デジタル技術はそうした長い経験に基づく技術の伝承を吹き飛ばす力を持っている。今後は，個人の仕事能力を向上させるために，社員に対して企業外の汎用的な教育投資を大幅に増やすだけでなく，すでに必要な技術を持つ人材の登用も必要である。

政府も，既存の働き方のままで，単に企業のデジタル教育に支援するだけでなく，これまでの固定的な雇用慣行を暗黙のうちに守ってきた規制を，より雇用の流動化を促進するとともに，多様な働き方の選択に中立的なものへと変えることが先決である。とくに，デジタル技術により，労働者が工場や事務所に限定されず，どこでも，いつでも自由に働けるテレワークが基本となれば，そのための労働時間規制の見直しも必要となる。現行の労働法制は，工場等で一斉に行動する集団的な働き方を暗黙の前提としており，上司が部下の労働時間を厳格に管理する建て前となっている。これを見直し，デジタル時代に不可欠な裁量労働制の拡大への検討が必要である。

15.5 こども家庭庁と子育て支援

前政権から引き継いだこども庁は「こども家庭庁」と名を改め，2023年度の設置が決められた。もっとも，保育所と機能が重複する幼稚園に関する行政部門が含まれない等，少子化を防ぐために，どれだけの新しい政策が実現可能かについては不透明である。ここで，少子化政策の具体的な内容として，不妊治療の保険適用範囲を拡大すること，保育の受け皿の整備，男性の育児休業取得促進等をあげている。また，こども家庭庁を総合的な子ども政策の指令塔として，縦割り行政の中で進まなかった子どもへの虐待防止や，地域における障害児への総合支援体制の構築を図るとしている。いずれも，個々には大事な政策だが，かりに，それらがすべて実現したとして，はたして日本経済の緊急の課題としての出生率の低下に，どこまで歯止めがかけられるのだろうか。

これまでの政府の子ども政策の柱は，待機児童の解消であった。2020年の目標達成時期は先送りされたが，他方で，都市部でも一部の保育所には定員割れが生じている。しかし，待機児童さえ解消されれば，良いわけではない。現状のように利用者が自由に認可保育所を選べない児童福祉の現状から，多様な保育サービスを自由に選択できる体制への改革が必要とされる。また，少子化対策としての保育所の役割は，働く母親だけではなく，すべての未就学児を対象とした子育て支援や，幼児教育を提供する場となる必要がある。そのためには，需要の飛躍的な増加に見合った，十分な保育サービスの供給が確保されなければならない。これは現行の国や自治体の保育所への選別的な補助金ではなく，介護のように社会保険としての独自財源が必要とされる。その結果，企業を含む多様な事業者が対等な競争条件で参入し，利用者の選択肢が拡大する。利用者に選ばれなければ，いかなる保育所でも存続できない状況が，子どもの健全な育成のためにも必要と言える。

今後の保育所は，待機児童の解消という目先の目標を超えて，限られた層への福祉から，誰にでも開かれた公共性の高いサービスを応分の負担で提供する場へと転換する必要がある。そのためには，家族の就労の有無を問わずに利用できる介護保険のように，「こども保険」という固有の財源が必要となる。岸田政権のこども家庭庁も，こうした適正な負担増を含めた制度改革に挑戦すべきと言える。

15.6 地球環境保全

2020 年に，菅義偉政権が 2050 年までに温室効果ガスの排出量を全体としてゼロにする，「カーボン・ニュートラル」を目指すことを宣言した。これは，今世紀後半に温室効果ガスの人為的な発生源による排出量と吸収源による除去量との間の均衡を達成することに対応したものである。これは二酸化炭素をはじめとする温室効果ガスの「排出量」から，植林，森林管理などによる「吸収量」を差し引いた合計を実質的にゼロにすることを意味している。また，それに向けて，2030 年度までに温暖化ガスの排出量を13年度比で46%削減することを表明した。これは，気候変動問題の解決に向けて，2015年にパリ協定が採択され，世界共通の長期目標として，世界的な平均気温上昇を産業革命以前に比べて2℃より十分低く保つとともに，1.5℃に抑える努力を追求すること（2℃目標）に見合ったものであるが，その具体的な道筋は明確ではない。

この実現のための経済的な手段として，主要な温室効果ガスの炭酸ガスを生み出す炭素に価格をつけるカーボン・プライシングがある。これには，炭素税や排出権取引の手法がある。多くの経済活動から生じる炭酸ガス（CO_2）の排出には，それが温暖化等の地球環境を汚染するコストが含まれていない。このコストを明示させることが炭素税の役割である。具体的には，炭素を含むエネルギー源に，その含有量に応じた炭素税を課すことで，その利用を抑制することが基本的な手法となる。この結果，CO_2を発生しない他のエネルギー源や，発生しても石炭よりも天然ガスという，より炭素比率が小さいものへのシフトが促される。政府はこの炭素税からの収入を一般財源に含めるのではなく，それを炭素を発生させないエネルギーを生産する事業者への補助金に向ければ，より省炭素化への効果が大きくなる。

これに加えて，政府が事業者ごとに炭素の排出量の上限を定めて，その排出枠の市場での取引を認める「排出量取引（キャップ&トレード）制度」がある。ここでは，あらかじめ一定量の炭素の排出権を事業者に配分することで，それを余らせた事業者が，排出権市場で販売することで収入を得ることができる。また，排出権の買い手にとって，その価格が炭素税に相当する。世界銀行によれば，2021年4月時点で64の炭素税・排出量取引制度が導入され，世界全体の温室効果ガスの2割超をカバーしている。これに対して日本では，カーボン・クレジット市場が提言されている。これは国内で企業が自主的に参加する市場で，毎年の目標排出量以下の企業は国からクレジットを受け取る一方で，目標以上の排出量の企業はその分のクレジットを国から購入する制度である。これを速やかに設立し，その義務化を図ることが必要とされている。

15.7 日本にとっての新しい資本主義

これは具体的には，以下の三点に集約される。第一に，デジタル化を通じた行政の透明性である。日本の政府では，無秩序な市場に委ねるよりも賢明な官僚の指導が勝るという，1940年体制の思想が根強い。このため法律に基づかない行政指導が蔓延(はびこ)っており，自由な市場経済の活動を妨げる主因となっている。こうした「細部に宿る規制の弊害」を解消するためには，その実態をオンライン上で明らかにしていくことが，行政のデジタル化の本来の意義と言える。

第二に，行政による恣意的な配分を，市場取引に委ねていくことである。公共の電波周波数の配分についても，他の先進国では普遍的なオークション（入札）方式ではなく，担当省による割当制度となっている。これは国有財産の払い下げや，混雑する空港の発着枠の配分についても同様であり，その決定方式が不明瞭なことから利権が絡む余地が大きい。

第三に，第一次安倍政権で試みたものの挫折した「市場化テスト」の活用である。政府の活動の中で，貴重な公務員を民間で代替できる分野から，公務員でなければできない分野へと再配分することで，行政の効率化と民間ビジネスの拡大に結び付けられる。たとえば，公共職業安定所（ハローワーク）は，政府の業務として重要であるが，公務員でなければできない仕事ではない。他方で，労働基準監督署は，労働者の安全を守るための警察的な業務で公務員にふさわしいものだが，慢性的な人手不足となっている。公務員の新しい業務が増える中で，過去の業務を漫然と維持していれば，過重な仕事量で，行政の本来の役割は果たせない。

岸田内閣の新しい資本主義のひとつのイメージは，市場というフィールドで，企業や個人という選手がフェアな競争をできるように，効率的な政府がすぐれた審判の役割を果たすことではないだろうか。

政治家には，次世代の利益を志向する立場と，目先の選挙での勝利を目指す立場に分かれる。小泉政権と同時期のドイツのシュレーダー首相は，東ドイツとの統合の負担で，「欧州の病人」と言われていた経済の立て直しのために，左派政党の党首にもかかわらず，労働市場や年金制度の大胆な改革を断行した。そのため最大の支持者であった労働組合から裏切り者と非難され，次の選挙では惨敗したが，その後，メルケル保守党政権の下でのドイツの長期的な繁栄の基礎を築いた。

日本の小泉政権以降の多くの保守政権は，目先の選挙での勝利を目指して，誰も反対しない財政拡大に明け暮れてきた一方で，反発の大きな既存の旧い制度や規制の改革には，ほとんど手をつけていない。こうした日本の官僚主導の「旧い資本主義」の正常化が，岸田政権の本来の役割と言えるのではないか。

参考文献

邦文文献

青木昌彦；永易浩一訳（1992），『日本経済の制度分析』筑摩書房。

阿部彩・國枝繁樹・鈴木亘・林正義（2008），『生活保護の経済分析』東京大学出版会。

アベグレン，C. ジェームス；占部都美監訳（1958），『日本の経営』ダイヤモンド社。

井伊雅子（2011），「先進国の医療制度改革と日本への教訓」鈴木亘・八代尚宏編『成長産業としての医療と介護』日本経済新聞出版社，所収。

池尾和人（2009），『不良債権と金融危機』慶応義塾大学出版会。

池上直己（2010），『医療問題』第 4 版，日経文庫。

祝迫得夫（2012），『家計・企業の金融行動と日本経済』日本経済新聞出版社。

岩田規久男・八田達夫編著（1997），「住宅の経済学」日本経済新聞社。

印南一路（2009），『社会的入院の研究』東洋経済新報社。

大来洋一（2010），『戦後日本経済論』東洋経済新報社。

大田弘子（2010），『改革逆走』日本経済新聞出版社。

大竹文雄（2005），『日本の不平等』日本経済新聞社。

岡崎哲二・奥野正寛編（1993），『現代日本経済システムの源流』シリーズ現代経済研究 6，日本経済新聞社。

葛西龍樹（2013），『医療大転換』ちくま新書，2013 年。

玄田有史・萩原牧子編（2022），『仕事から見た「2020 年」』慶應義塾大学出版会。

香西泰（1981），『高度成長の時代』日本評論社。

香西泰・土志田征一（1981），『経済成長』経済学入門シリーズ，日本経済新聞社。

香西泰・寺西重郎（1993），『戦後日本の経済改革』東京大学出版会。

厚生労働省（2009），『平成 21 年財政検証結果レポート』厚生労働省ホームページ。

厚生労働省（2011），『支給開始年齢について』厚生労働省ホームページ。

河野龍太郎（2022），『成長の臨界』慶應義塾大学出版会。

後藤純一（1988），『国際労働経済学』東洋経済新報社。

参考文献

小林慶一郎・森川正之（2020），『コロナ危機の経済学』日本経済新聞出版。

小峰隆夫編（2011），『日本経済の記録　歴史編 2　金融危機，デフレと回復過程（1997 年～ 2006 年）』内閣府経済社会総合研究所。

小宮隆太郎（1975），『現代日本経済研究』東京大学出版会。

櫻川昌哉（2021），『バブルの経済理論』日本経済新聞出版社。

社会保障国民会議（2008），『最終報告』内閣府。

鈴木武雄（1971），「ドッジ・ライン下の日本経済」村上泰亮編『経済成長』日本経済新聞社，所収。

鈴木亘（2010），『社会保障の「不都合な真実」』日本経済新聞出版社。

鈴木亘（2012），『年金問題は解決できる！』日本経済新聞出版社。

鈴木亘（2020），『社会保障と財政の危機』PHP 新書。

鈴木亘（2021），『医療崩壊：真犯人は誰だ』講談社現代新書。

総務省（2006），『厚生年金保険に関する行政評価・監視』。

滝澤美帆（2020），『産業別労働生産性水準の国際比較』生産性レポート Vol.13, 日本生産性本部。

竹中平蔵・船橋洋一編著（2011），『日本大災害の教訓』東洋経済新報社。

館龍一郎・小宮隆太郎（1964），『経済政策の理論』勁草書房。

田原健吾・北爪匠（2022），『医療資源の浪費を招く急性期神話』日本経済研究センター。

ダワー，ジョン；三浦陽一・高杉忠明訳（2001），『敗北を抱きしめて』上・下，岩波書店。

鶴光太郎（1994），『日本的市場経済システム』講談社。

鶴光太郎（2006），『日本の経済システム改革』日本経済新聞社。

鶴光太郎（2016），『人材覚醒経済』日本経済新聞出版社。

寺西重郎編（2010），『構造問題と規制緩和』慶應義塾大学出版会。

寺西重郎（2011），『戦前期日本の金融システム』岩波書店。

内閣府（2009），『経済財政白書』平成 21 年度版。

長坂健二郎・小澤俊康・中園早苗（2011），「日本の医薬品産業をどう発展させるか」鈴木亘・八代尚宏編『成長産業としての医療と介護』日本経済新聞出版社，所収。

中曾宏（2022），『最後の防衛線』日本経済新聞出版社。

仲田泰祐・藤井大輔（2022），『コロナ危機，経済学者の挑戦』日本評論社。

野口悠紀雄（1995），『1940 年体制』東洋経済新報社。

野口悠紀雄（2008），『戦後日本経済史』新潮社。
野口悠紀雄（2011），『大震災後の日本経済』ダイヤモンド社。
八田達夫編（2006），『都心回帰の経済学』日本経済新聞社。
八田達夫・八代尚宏編（1995），『東京問題の経済学』東京大学出版会。
濱口桂一郎（2009），『新しい労働社会』岩波新書。
濱口桂一郎（2021），『ジョブ型雇用社会とは何か』岩波新書。
原田泰（1998），『1970 年体制の終焉』東洋経済新報社。
広田真一（2012），『株主主権を超えて』東洋経済新報社。
深尾京司（2012），『「失われた 20 年」と日本経済』日本経済新聞出版社。
復興庁（2022），『復興の現状と今後の取組』。
星岳雄＝アニル・K. カシャップ（2013），『何が日本の経済成長を止めたのか』日本経済新聞出版社。
増田寛也（2014），『地方消滅』中公新書。
宮川努（2005），『日本経済の生産性革新』日本経済新聞社。
三輪芳朗＝マーク・J. ラムザイヤー（2001），『日本経済論の誤解』東洋経済新報社。
村松岐夫・奥野正寛編（2002），『平成バブルの研究』上・下，東洋経済新報社。
八代尚宏（1980），『現代日本の病理解明』東洋経済新報社。
八代尚宏（1992），『日本経済』東洋経済新報社。
八代尚宏（1997），『日本的雇用慣行の経済学』日本経済新聞社。
八代尚宏編（1998），『官製市場改革』日本経済新聞社。
八代尚宏（2010），『労働市場改革の経済学』東洋経済新報社。
八代尚宏（2011），『新自由主義の復権』中公新書。
八代尚宏（2012），「経済成長戦略における構造改革特区の役割」『税研』第 28 巻 2 号。
八代尚宏（2014），『反グローバリズムの克服』新潮社。
八代尚宏（2016），『シルバー民主主義』中公新書。
八代尚宏（2020），『日本的雇用・セーフティーネットの規制改革』日本経済新聞出版。
八代尚宏（2022），「なぜ選定療養・評価療養制度は改革されなければならないのか」『病院』7 月号。
八代尚宏・島澤諭・豊田奈穂（2013），『国債に依存した社会保障からの脱却』総合研究開発機構。
柳川範之（2013），『40 歳からの会社に頼らない働き方』ちくま新書。

参考文献

山口慎太郎（2021），『子育て支援の経済学』日本評論社。
山下一仁（2022），『国民のための「食と農」の授業』日本経済新聞出版社。
山田昌弘（1999），『パラサイト・シングルの時代』ちくま新書。
湯元健治・佐藤吉宗（2010），『スウェーデン・パラドックス』日本経済新聞出版社。
吉川洋（2013），『デフレーション』日本経済新聞出版社。
吉川洋（2016），『人口と日本経済』中公新書。

欧文文献

Denison, E. F. and W. K. Chung（1976）, *How Japan's Economy Grew so Fast: The Sources of Postwar Expansion*, Brookings Institution.
Hayashi, F. and E. C. Prescott（2002）, "The 1990s in Japan: A Lost Decade," *Review of Economic Dynamics*, Vol. 5, No. 1, January.
JAMA（2017）, *2016-2017 Contributions Report*, Japan Automobile Manufacturers Association's U.S. Office.
Johnson, C.（1982）, *MITI and the Japanese Miracles: The Growth of Industrial Policy, 1925-1975*, Stanford, California: Stanford University Press.
Maddison, A.（1995）, Monitoring the World Economy 1820-1992, OECD.
OECD（1989）, Economic Survey of Japan 1989, OECD.
OECD（2012）, FDI Regulatory Restrictiveness Index, OECD.
Saxonhouse, G. R.（1982）, "The Micro-and Macro-Economics of Foreign Sales to Japan," in W. R. Cline ed., *Trade Policy in the 1980s*, Washington D.C.: Institute for International Economics.
Saxonhouse, G. R. and R. M. Stern, eds.（2004）, *Japan's Lost Decade: Origins, Consequences and Prospects for Recovery*, Malden, Mass.: Blackwell.
Yashiro, N.（2005）, "Japan's New Special Zones for Regulatory Reform," *International Tax and Public Finance*, Vol.12, No.3,
Yoshikawa, H.（2001）, *Japan's Lost Decade*, Tokyo: The International House of Japan.

統計資料等

金融庁『不良債権処分損状況』。
厚生労働省『人口動態統計』。
厚生労働省『賃金構造基本統計調査』。
厚生労働省『毎月勤労統計調査』。
財務省『国際収支状況』。
社会保障・人口問題研究所『社会保障費用統計』。
社会保障・人口問題研究所『将来人口推計』。
総務省『選挙関連資料』。
総務省統計局『社会生活基本調査』。
総務省統計局『住民基本台帳人口移動報告』。
総務省統計局『消費者物価指数』。
総務省統計局『労働力調査』。
内閣府『国民経済計算』。
日本銀行『国際収支統計』。
農業水産省『農業経営統計調査』。
労働政策研究・研修機構『データーブック国際労働比較』。
OECD, *Economic Outlook*, 2022.
OECD, *Health Statistics*, 2020.
OECD, *Income Inequality Data*, 2020.
OECD, *Pension Outlook*, 2012.

あとがき

本書は2回目の改訂版で，前の版に2017年から22年までの5年間の激動の時期を追加した。2011年の東日本大震災は，「100年に1度の危機」と言われたが，その後，世界的なコロナ危機等，予想もしなかった緊急事態が世界各国で生じた。その中で，日本経済は，バブル崩壊後の1990年代以降，ほとんど成長せず，賃金水準も高まらない長期停滞から抜け出せない。このため，他国が経済成長を続ける中で，2010年にはGDPで中国に追い抜かれ，また1人当たりGDPでも，まもなく韓国に抜かれるような状況となっている。他方，日本の失業率は，少子化の結果である，生産年齢人口の急速な減少の下で，リーマン・ショック時等を除けば2%台と，ほぼ完全雇用を維持してきた。しかし，労働供給の制約が強まっているのに，なぜ賃金が増えないのか。それは労働生産性が高まらないことに尽きる。

それにもかかわらず，経済の停滞は金融や財政政策の力不足という声に押され，政府は長期間にわたるゼロ金利政策や，持続的な財政拡大を維持してきた。しかし，国内市場が停滞する中でリスクの高い民間投資は増えず，財政赤字の増加は，企業の貯蓄増に変わるだけとなる。日本の経済成長を復活させるためには，何よりも供給面の改革が不可欠だが，それには既得権に守られた産業や事業者の大きな抵抗は避けられない。

日本の長期経済停滞をもたらした主因は，東西冷戦の終結等による経済活動のグローバル化や，人口の少子・高齢化，急速な情報通信技術の進展等，外的環境の大幅な変化にもかかわらず，過去の成功体験に縛られて，旧来の制度慣行を漫然と維持している企業や政府の「不作為」にある。この結果，「企業が国を選ぶ」グローバル経済の時代に，日本経済が内外の企業によって選ばれなくなり，直接投資の内外格差が拡大している。

この状況を改善するためには，第一に，減少する貴重な労働力を補うための，まだ十分に活用されていない女性や高齢者労働の活用と，労働市場の流動化がある。それには過去の高い成長期を支えてきた日本の雇用慣行の見直しが不可欠となる。

第二に，長期的な社会保障費の増加は避けられないものの，その効率化の余地は大きい。とくに持続的に増える高齢者を対象としたシルバー市場は確実な成長分野であり，そのビジネスモデルは，急速に高齢化する東アジア市場にも輸出可能となる。

第三に，従来の「地域の均衡ある発展」政策からの脱却である。人口減少社会の下では，最も生産性が高く，高付加価値サービスを生み出す基盤の大きな都市部を活性化し，各地域の中核都市間の競争を目指す必要がある。

最後に，本書を企画し，細部までチェックしていただいた有斐閣の藤田裕子氏と，妻信子の内助の功に感謝したい。

索　引

索　引

●さ　行

●な　行

●は　行

●ま　行

●や　行

●ら　行

●わ　行

♣著者紹介

八代 尚宏（やしろ なおひろ）

1946年生まれ

メリーランド大学経済学博士，上智大学教授，日本経済研究センター理事長，国際基督教大学教授，昭和女子大学副学長等を経て，同大学特命教授

主要著作

『現代日本の病理解明』東洋経済新報社，1980年（日経・経済図書文化賞受賞）。『日本的雇用慣行の経済学』日本経済新聞社，1997年（石橋湛山賞受賞）。『規制改革』有斐閣，2003年。『新自由主義の復権』中央公論新社，2011年。『シルバー民主主義』中央公論新社，2016年。『働き方改革の経済学』日本評論社，2017年。『脱ポピュリズム国家』日本経済新聞出版社，2018年。『日本的雇用・セーフティーネットの規制改革』日本経済新聞出版，2020年ほか多数。

日本経済論・入門（第3版）

戦後復興から「新しい資本主義」まで

Japanese Economy after the World War II（3rd ed.）

2013年 7月30日　初　版第1刷発行
2017年 3月25日　新　版第1刷発行
2022年12月10日　第3版第1刷発行
2024年11月30日　第3版第3刷発行

著　者　八　代　尚　宏
発行者　江　草　貞　治
発行所　株式会社 有　斐　閣

郵便番号　101-0051
東京都千代田区神田神保町2-17
https://www.yuhikaku.co.jp/

印刷・萩原印刷株式会社／製本・大口製本印刷株式会社

ISBN 978-4-641-16610-3